在成长中培养好品质

邹舟 赵健◎主编

陕西新华出版

太白文艺出版社·西安

图书在版编目（CIP）数据

在成长中培养好品质 / 邹舟，赵健主编. -- 西安：
太白文艺出版社，2010.1（2024.5重印）
ISBN 978-7-80680-800-9

Ⅰ. ①在… Ⅱ. ①邹… ②赵… Ⅲ. ①少年儿童－品
德教育 Ⅳ. ①D432.62

中国版本图书馆CIP数据核字(2010)第009056号

在成长中培养好品质
ZAI CHENGZHANG ZHONG PEIYANG HAO PINZHI

主　　编	邹　舟　赵　健
责任编辑	王大伟　荆红娟　姚亚丽
封面设计	梁　宇
版式设计	刘兴福
出版发行	太白文艺出版社
经　　销	新华书店
印　　刷	三河市嵩川印刷有限公司
开　　本	700mm×960mm 1/16
字　　数	180千字
印　　张	11.5
版　　次	2010年1月第1版
印　　次	2024年5月第5次印刷
书　　号	ISBN 978-7-80680-800-9
定　　价	49.80元

前　言

　　做人的品格是十分重要的,在社交中拥有良好的品格尤为关键。良好的品格有助于人的成长和发展,是决定人成功与否的关键之一。

　　孩子是祖国的花朵、祖国的未来。家长要想把孩子教育为出类拔萃的人才,这就需要家长不但要从开发智力、启迪智慧、灌输知识方面入手,最重要的是要教会孩子如何做人,如何提升孩子的品格,让孩子明白,有好的品格才有良好的人际关系,有好的品格才能有正确的做事态度。

　　纵观人类历史长河,大凡在历史上卓有功勋、颇有建树的人都拥有非凡的品格,正是优良的品格让他们赢得了人们的尊敬和爱戴,也正是优良的品格帮助他们在事业的道路上取得了成功。相反,那些品格低劣的反面人物,必然在后世流下了遗臭万年的骂名。

　　教育孩子养成良好的品格至关重要,但是培养孩子的优良品格不是一蹴而就的事情,是需要一定的过程的,那么如何才能提升孩子的品格呢?本书将着重为您解答其中的秘密,本书将采用经典教育实例,深入简出的帮助您细致地分析孩子在成长过程中与品格有关的因素,为您呈现出提升孩子品格的法宝。

　　希望本书中的无限精彩,能够在很大程度上帮助您取得事半功倍的效果,希望您的孩子在良好的品格基础上,能够在今后的发展道路上青云直上。

CONTENTS
目　　录

在成长中培养好品质

在
成
长
中培养好品质

第一章

爱心——老吾老以及人之老，
幼吾幼以及人之幼

百善孝为先，孝敬父母

　　孝敬父母、尊敬长辈是我们这个有着悠久历史和灿烂文化的中华民族的传统美德，从两千多年前的孔子开始，"孝"就被人们当作"仁之本"。"百善孝为先"成为人们立身处世最基本的道德规范，最根本的道德信条。如今，要想让孩子拥有一颗爱心，懂得关爱他人、关爱集体、关爱社会、关爱国家乃至关爱整个世界的道理，首先就要让他学会关心自己的父母。一个连孝敬父母、报答养育之恩都做不到的人，是不可能为他人、为社会、为祖国献出爱心的。

　　谁都知道，父母对儿女的恩情像大海一样的深厚。从呱呱坠地的婴儿成长到健康向上的青少年，父母的操劳是无法计算的。当孩子还很小的时候，父母一滴奶、一口饭、一把屎、一把尿地侍候。上学了，父母在照料生活的同时，还要操心他的学习。孩子病了，父母求医找药，日夜守护。为了孩子，父母可以做出一切牺牲。孩子可曾想过，这么多年来，父母为你倾注了多少心血？

　　父母对孩子的恩情又是无私的。父母爱孩子是无条件的爱，完完全全是一种崇高的、自然的爱。如果你问你的父母："你们为什么对我这么好？"你的父母一定会这样回答你："因为你是我们的孩子！"这种完全出于一片亲情的爱心，无条件的施与，是多么崇高而伟大！

　　父母对儿女的恩情这样深厚，这样无私，所以孝敬父母是我们每个人做人的起码道德。从古到今，孝敬父母历来都是判断一个人德行的标准之一，在这个扬孝倡孝的背景下流传着许多感人肺腑的故事。

　　《新三字经》里有一句话："能温席，小黄香，爱父母，意深长。"其中提到的小黄香是我国东汉时湖北一位因孝敬长辈而名留千古的好孩子。他9岁

时,不幸丧母,父亲多病,小小年纪的黄香便懂得孝敬父亲。每当夏天炎热时,他就把父亲睡的枕席扇凉,赶走蚊子,放好蚊帐,让父亲能睡得舒服。在寒冷的冬天,床席冰冷如铁,他就先睡在父亲的床席上,用自己的体温把被子暖热,再请父亲睡到温暖的床上。小黄香不仅以孝心闻名,而且刻苦勤奋,博学多才,当时有"天下无双,江夏黄童"的赞誉。

我们曾在电视节目中看到:一个年仅3岁的小孩子,在父母上班之后陪伴着瘫痪在床的奶奶。奶奶该吃饭了,他把父母做好并温在锅里的饭菜慢慢端到奶奶床上。奶奶要解手,他把便盆送到奶奶身边。他为父母分忧,学会了做很多事情。还有一个上小学的女孩子,母亲卧病在床多年,小女孩承担起了全部家务,每天买菜、做饭、收拾房间,为母亲擦洗身体。家里生活十分困难,她也因此养成了省吃俭用的习惯。在这样艰苦的情况下,她仍每天按时到校上课。她勤奋苦读,还担任学生干部,成为三好生,被评为十佳少年。

然而现在的家庭中,有许多父母却忽略了对孩子尊老爱幼、孝敬父母的教育。他们把孩子当成了家中的小皇帝,孩子成了家中最受尊敬的人。孩子在这种本末倒置的环境影响下,长大后没有辈分观念,对家中的长辈甚至父母都缺乏基本礼节和尊敬,有的甚至是态度非常恶劣地对待父母。

有位母亲曾伤心地说过这样一件事:"我的儿子上高三了。我为了他读好书,每天除了工作还要买菜、做饭、洗衣、收拾房间……一天,我生病了,躺在床上,浑身十分难受。儿子放学回来,看看锅里没有饭,只是冷冷地说了声:'我出去吃了。'就离开了家。过了不久,他吃饱了回来,竟没过来看看

第一章 爱心

老吾老以及人之老,幼吾幼以及人之幼

3

我,也没给我带回一点吃的,就钻进自己的房间,砰的一声关上门,一晚上再没出来。我伤心极了。我想,我的儿子是得了爱的麻痹症,只怪我平时宠他、爱他,却没有教他也要爱别人、关心别人。孩子长大了,变得麻木不仁,我这是自作自受呀!"这位母亲终于在儿子冷漠无情的事实面前觉醒了。可天下还有多少没有醒悟的父母,他们只知道盲目地溺爱孩子,只要能使孩子高兴,他们为孩子做什么都心甘情愿,却忽视了对孩子进行尊老爱幼、孝顺父母、满怀感恩之心的道德教育;忽视了让孩子感受到父母的所有付出是无私的,是一种爱;忽视了让孩子懂得怎样去爱父母、尊重父母、体谅父母。从而导致孩子目无尊长、不孝敬父母、对他人冷漠无情等。

因此,父母在教育孩子时,一定要做到以下几点:

一、教育孩子一定要尊重他人

向孩子灌输尊重长辈、尊重父母的观念。让孩子明白尊重是一种美德,只有尊重别人的人才会得到别人的尊重。

二、教育孩子体谅父母,拥有感恩的心

要让孩子感受到父母对他的抚养是很辛苦的,要让孩子珍惜这份爱,要求孩子对父母有感恩之心。

三、教导孩子怎样尊重他人

父母可以用中国传统文化中有关尊重长辈、孝敬父母、如何感恩的故事和知识对孩子进行熏陶,使他懂得尊重比他年龄大的人是他应该也是必须做到的。

四、父母是孩子最好的老师

父母要给孩子起一个表率作用,在生活中要尊重自己的父母和长辈,创造一个良好的家庭氛围,让孩子深切感受这种尊重给整个家庭带来的和谐气氛,从而自觉去遵循这条原则。

五、对待孩子,要奖罚分明

当孩子对家中的长辈或父母不尊重和不礼貌时,父母要给予一定的惩罚,严肃地指出孩子的错误之处。让孩子学会懂得尊重长辈,尊重父母,常怀感恩之心。

关爱他人,助人为乐

一个有关爱之心,懂得帮助他人的人,才能得到更多人的帮助,才会有更多的朋友,才能获得更多的机会,也才更容易取得成功。因此,父母要积极培养孩子帮助他人的好品格,鼓励、尊重孩子去帮助他人。

现在的孩子差不多都是独生子女,这些孩子在家里大都处于一种随时被照顾的地位。这就减少了他们去关心、照顾别人的机会,有的孩子甚至很少想到别人,除非是他们需要别人帮助的时候。这一切看起来是自然而然地就形成了,可是,却非常不利于孩子的成长,不利于孩子形成优良的品格,不利于孩子长大后进入社会和人相处,它甚至会妨碍到孩子的学习以及事业上的成功。

所以,父母有必要培养孩子关爱他人、助人为乐的优秀品质。

对于一个孩子来说,可能难以理解这种优秀品质的内涵与意义,因为他们可能对此没有明确的认识,还不懂得它的社会意义。可是孩子们都是极富同情心的,他们的同情心就是培养他们乐于助人的精神基础。

在现实生活中我们可以看到,有些孩子喜欢主动帮助别人,会把别人的事当作自己的事情来对待。但有的孩子则对别人的事丝毫不关心,认为那是别人的事情,跟自己没有什么关系,这其实是一种自私的表现。一个自私的人,他的生活是毫无乐趣可言的,因为他没有朋友、内心孤独。一个自

私的孩子也只会远远地看着别人在一起玩得兴高采烈,而自己却只能一个人站在旁边,这是因为他的自私让伙伴都远离他。所以,父母一定要培养孩子乐于助人的好习惯,因为这不只是在帮助别人,同时也是在帮助孩子健全他的性格。

父母培养孩子关爱他人、助人为乐的优秀品格,可以从以下四点做起:

一、让助人为乐成为孩子的一种习惯

培养孩子帮助别人的习惯也和培养孩子其他方面的习惯一样,一定不要强迫他去做什么,而是要让他把这些作为一种助人为乐的习惯,让他从家庭中懂得仁爱、友情、亲情、付出与给予等方面的善行给他带来的喜悦。

想要让孩子懂得礼貌让座、尊老爱幼、不欺弱小的道理,首先要让他学会去尊重他人,并且要付诸行动,只有这样,他才会真诚地并且是不图回报地去帮助别人。在日常的生活中,父母要经常向孩子讲述一些关于雷锋或身边某些人乐善好施、以诚待人的行为和事迹,让孩子知道为什么这些人会受到那么多人的爱戴。让他从中认识到尊重别人、以诚相待是受世人关注与爱戴的原因,让他明白尊重他人等于尊重自己、给予与付出要对等、爱是一种双向的相互关系。

二、教孩子学会与人分享

不懂得和别人分享的人是自私的，这种人是从来不会去帮助别人的，即使他做了什么帮助别人的事情，也可能是另有所图的。所以，想让孩子养成帮助别人的习惯，首先应该让他学会与人分享，让他体会到与人分享的乐趣。

有这样一个故事：

在一个阳光明媚的星期天，妈妈带着女儿去公园游玩。来到一个小亭子里，妈妈打开装零食的小书包，女儿拿出她最爱吃的小熊饼干快乐地享受着。这时，一个哭泣的小男孩也来到了小亭子，并且一边哭一边叫妈妈。妈妈对女儿说："这个小弟弟可能是找不到妈妈了，我们把他送到公园管理处，好吗？"女儿点点头。妈妈再看向小男孩，只见他眼带泪花地看着女儿手中的小熊饼干。女儿好像也察觉到了，于是下意识地用手捂住了小熊饼干。"如果是你找不到妈妈了，现在又急又饿，你希不希望吃一块饼干？"妈妈耐心地引导女儿。女儿想了想，拿出了她最心爱的小熊饼干。

虽然孩子的年龄小，但是他们有着善良的心地和单纯的想法，所以父母要鼓励孩子的参与意识和分享意识，使孩子对帮助别人产生兴趣，并且通过帮助别人可以得到一种满足。经过时间的锤炼，孩子的这种美德意识就会在他们体内生根发芽，并且逐渐在他们心中形成一种可以影响他们今后人生的良好品质。

三、鼓励孩子帮助别人

在日常的生活中，父母要用鼓励的方式让孩子帮助父母做一些他们力所能及的事情，这样可以增强孩子助人为乐的责任感，还可以通过讲道理的方式让孩子知道，如果一个人只想到自己而不能给予别人帮助，那么，他

就是一个自私的人。当然,这样的人就会被孤立起来,同样得不到别人的尊重和帮助。所以,让孩子迈出助人为乐的第一步,就一定要鼓励孩子去帮助别人,这点非常关键。

四、以身作则

父母在对孩子进行教育的时候,一定要身体力行、以身作则。要知道,一个人的品质和习惯并不是一时之间就能够养成的,也不是说只通过一两次教育就可以成功的,而是要经过长期而有效的教育以及各个方面的努力才有可能形成的,所以父母长期的引导和示范起到了不可忽略的作用。但是,一旦父母给孩子做了一些不好的示范,那么所有的努力就会功亏一篑。所以,在让孩子养成帮助别人的习惯时,父母一定要身体力行地去帮助他人。这样的教育不需要语言的说教,只是一种环境的熏陶。

热爱动物,热爱生命

人有生存的权利,但人身边的其他生灵同样也有生存的权利。如果一个人在其一生中能够对任何生命都充满爱心,能够平等地对待任何生命,那么他的生命无疑是伟大的。

来看一则真实的故事:

一辆出租车平缓地在维也纳大街上行驶,出租车戛然而止。"又没有红灯,停车干吗?"乘车人不解地问司机,司机心平气和地用手指了指前面,只见前方路中间有一只受伤的麻雀。对面驶过来的汽车,也在麻雀面前停下来。一辆接一辆的车都停了下来,很快排成了长队。路中间的麻雀仿佛觉得有这么多人等它而有些愧疚,它加快了蹒跚的步伐,并使劲地用翅膀扑腾。

小麻雀终于走到了路边,长长的车队又开始流动起来。乘车人为刚才的所见兴奋和感动。

这个画面被一个无名的摄影师拍了下来,后来这张照片成了经典之作,摄影师也变成了非常有名气的摄影家。

"给小鸟让路"这样令人感动的场面在我们的生活中并不多见。那只小麻雀,曾经吸引多少目光,让人觉得这个世界上只有这只小鸟存在。

可是,令人遗憾的是,在人类和动物之间并不只有这样充满爱心和尊重的故事。

2002年2月23日发生在北京动物园的泼熊事件曾经是社会各界关注的焦点。

那一天是一个风和日丽、春意盎然的星期六,北京动物园内人来人往,非常热闹。在熊山,人们像往常一样将手中的食品投喂给正在乞食的熊。但是,这几只活泼可爱、与人为友的黑熊怎么也没想到,一场突如其来的横祸会降临在它们头上。

下午一点左右,动物园熊山内突然传来熊嗷嗷的惨叫声。只见两只大黑熊口吐白沫,倒在地上,来回翻滚;同时,水泥地上冒起了一股股白烟。

据一位目击者称,一名20多岁、戴眼镜、身高近1.9米的高个男青年转到动物园熊山的东北侧时,突然从手中拎的白色纸袋中掏出一个长玻璃瓶,扬手将瓶中的液体倒向熊山中两只坐在

地上的成年黑熊。

液体接触到黑熊的身体后，两只庞然大物先后发出惨叫声，并不停地在地上打滚。液体落在水泥地面后发出刺啦、刺啦的响声，一大片地面被烧得发白。

就在围观人群一阵骚动时，这个男青年却表情平静地围着熊山护墙转了1分钟，才不慌不忙地挤出人群，向熊山外溜去。

"抓住他，就是他给大黑熊投的毒。"喊声未落，这名男青年撒腿就向动物园内狮虎山的方向跑去。

正在附近巡逻的动物园派出所民警、动物园保卫处的工作人员和熊山管理人员，以及在场的群众齐心协力，围追堵截，终于在狮虎山脚下将这名男青年抓住，带回了动物园派出所。

动物园派出所民警经过审查得知，这名男青年叫刘海洋，北京人。据刘海洋交代，因父母离异，自己一直与母亲相依为命。1998年，自己幸运地考入了清华大学电机系，现已是四年级学生。大学期间，刘海洋学习成绩一直名列前茅，并已经通过了研究生考试。

对于为什么要残害动物，刘海洋说："我曾经从书中看到过熊的嗅觉敏感，分辨东西能力特别强。但人们又总说'笨狗熊'，所以我就想验证一下狗熊到底笨不笨。"

……

"这是北京动物园建园以来从未发生过的事情，如此恶劣残忍的手段让人无法想象。"北京动物园副园长王保强十分气愤地说。

这件事读起来令人愤怒。有多少爱可以回来？有多少人类的朋友还能虐待？保护动物不仅仅是为了动物，更是为了尊重生命，为了我们人类自己，也为了这个世界。如果真的有一天，整个地球变成了一所孤独的大房子，只剩下我们人类自己，我们将拿什么来保护我们赖以生存的家园？

把爱献给人类的邻居，不仅是对我们的召唤，更激励我们付诸行动。可令人遗憾和痛心的是，现实生活中，有很多人却对虐待动物充满着兴趣，更

令人担忧的是,这种现象频繁地发生在一些孩子身上。

有的孩子看到一个小动物,比如一只蚂蚁,他们就会像狮子一样扑上去,一脚踏上去,把蚂蚁踩成齑粉。孩子所表现出来的这种残忍行为,与他们认知能力和道德观念薄弱的关系显然是很密切的。因此,父母在对孩子进行教育时,必须教会孩子热爱生命,尊重每一个生命的存在,压抑孩子本能的攻击性行为发生。

孩子对动物之所以充满敌意和攻击性,主要是因为对动物缺乏足够的认识,认为这些生命和自己没有什么关系。因此,压抑孩子攻击性行为的有效手段之一就是增加其认识能力和扩大其认识范围。父母可以经常带孩子到动物园、自然博物馆、水上世界去参观动物,或让孩子饲养小动物,让孩子懂得动物是人类的朋友,这样就可以有效地减少孩子对小动物的残忍行为。

孟子说:"恻隐之心,仁之端也。"培养孩子对动物的爱心,帮助孩子克服残忍行为,是培养孩子良好品质和善良情感的起点,父母绝对不能忽视。

懂得回报,拥有一颗感恩的心

父母对孩子的爱是最无私的,他们从没想过要孩子回报。然而,这种爱缺乏教育性,容易使一些孩子变得目中无人、自私,不知道关心父母。所以,对于今天的大多数独生子女来说,父母应该要求孩子回报,并教会孩子怎样回报自己,回报他人,回报社会,回报国家。这不仅是培养孩子爱心的必要手段,也是孩子健康成长的重要因素。

俗话说得好:"滴水之恩,当涌泉相报。"但问题是,现在的独生子女大多是在父母溺爱之下长大的,他们从未有过回报的实践,也就谈不上产生过回报的意识了。在他们看来,父母和别人为自己所做的一切都是应该的,

不需要感谢,更不需要回报。一家人围着孩子转就好比地球围着太阳转一样,是自然规律。

妈妈做好了饭菜,孩子不问这饭菜是怎么来的,不问妈妈为这顿饭菜付出了多少辛苦,也不管全家老少是否吃过,上桌就吃;吃得不顺口,还要大喊大叫闹"绝食"。

妈妈给的零花钱,他满不在乎地收下,还在嘴里嘟囔着:"怎么就给这么一点点啊,太抠门了!"

花起钱来,他大手大脚,过一个生日可以花几百元甚至几千元。他从未想过,父母挣来这些钱有多么不容易。

孩子为什么不珍惜父母的付出,不懂得回报?

因为他们不知道这一切是怎么来的,以为是从天上掉下来的,一切都来得容易,他享用是理所当然的。

当然,并不是所有的孩子都不懂得回报。

来看一位妈妈的深情诉说:

前不久,我由于生病做了一个小手术,失血过多而导致贫血,因此身体特别虚弱。自己虽然在家养病,但没有力气给孩子做饭。那段时间,可辛苦老公了。他既要按时上班,又要抽空照顾我,还要给孩子做饭。有时,因为工作的原因,老公不能按时回家,可我身体那时是不允许乱动的,一动头就晕,有点天旋地转的感觉。因此,我除了等丈夫回来再没有别的办法了。

可有好几次,我等不着丈夫,却把孩子等回来了。孩子见我满脸不高兴,就安慰我说:"爸爸工作忙,你别埋怨爸爸,我们会做饭,等我们放学回家做饭就好了。"多懂事的孩子。听孩子这么一说,自己还有什么话可说呢?心里再有不满,也不能在孩子面前呈现了。只好让孩子自己做饭了。

让我没有想到的是,两个孩子,一个择菜、洗菜,一个切菜、炒菜……我看着他们在厨房忙活,心里有着说不出的高兴,似乎自己的病都好了。他们知道我需要补血,就给我做了好几样补血的菜。我怕影响他们的功课;怕耽误他们的学习时间;怕他们上学迟到……让他们少做些菜,可孩子就是不

听话,还是照做不误。

记得有一次,老二晚上可能是累了,没有背英语单词就休息了。第二天,老师听写单词,他错了好几个,因此老师罚他抄写10遍。所以中午放学时间他不能回了。只好让老大买包方便面回家来给我做(他们怕老公因工作忙回不了家,怕我因此而埋怨丈夫)。孩子一边做饭一边给我说:"妈妈,今天我1点就得去学校,我给咱们煮方便面,里面煮两个鸡蛋……"我怕他着急,不让他洗碗筷,说让老公回家再洗,可孩子"不听话",还是洗了才去学校。

虽然在我病时,孩子只做了三顿饭。可我的脑海里时常显现出孩子做饭时的情景。孩子的爱,常常表现在细微之处,它不像100分、奖杯那么现实,但却是人生路上的丰碑,是父母亲付出后最殷实的收获。

孩子为父母做一顿饭,在有些父母看来没有什么大不了的,但这些父母应该知道这毕竟是孩子的一颗爱心! 这颗爱心是稚嫩的,你在乎它,它就会长大;你忽视它,它就会枯萎;你打击它,它就会死去。如果你想让自己的孩子懂得回报,首先就一定要在乎这种回报,精心地呵护它、培育它。

父母如何让孩子懂得回报呢?

一、善于索取

父母下班回家了,让孩子端把椅子;累了,让孩子给泡杯茶;晚上,让孩子端盆洗脚水;与孩子一同上街购物时,要求孩子帮助拿一部分东西。

二、让孩子懂得分享

无论为孩子买什么好吃的东西或给孩子什么好吃的东西,在孩子谦让给你时,都不能违心地说:"我不喜欢吃。"要说:"我也爱吃。"让孩子留一份给父母。

三、提示孩子在自己力所能及的范围内回报父母

可以明白地告诉孩子,父母也需要回报。父母应经常教育孩子,自己能做的事自己去做,学习上的任何一点进步,都是对父母的具体回报,孩子也应当做出这种回报。

四、对孩子的回报应做高兴的表示

孩子在关心父母方面做出任何一点行动,父母都应当感到高兴。要对孩子说,孩子的爱使父母非常愉快,孩子的关心是父母生活中不可缺少的一大精神支柱。

五、及时表扬

当孩子在精神或物质上有了回报行动时,父母应及时给予肯定和表扬。这是对孩子回报行为的强化,以后他会继续做出这种回报。

六、教育孩子懂得爱

教育孩子懂得爱是人类共同的语言。要孩子知道:人来到世间,就应承担对家庭、对集体、对社会的一定义务,这是与生俱来的"天职"。只要人人都献出一点爱,世界将会变成美好的人间。

七、给孩子创造学会爱和表现爱的机会

父母应积极给孩子创造学会爱和表现爱的机会。如:家中的老人、亲友或班上小朋友病了,带孩子前去看望;带孩子参加为边远地区和受灾地区

捐款捐物活动；要求孩子有了新玩具、新书和好吃的，主动与其他小朋友分享。通过这些活动，让孩子体验和强化孝敬长辈、关爱他人和回报社会的情感。

保护环境，保护自然资源

环境污染是现代社会的一个重要问题，而且是一个越来越突出的问题，它正在日益严重地威胁着人类和其他动物的生命安全。

索巴一家住在美丽的青海湖畔。长久以来，他们以放牧为生，过着快乐的生活。近年来，由于旅游业的发展，越来越多的人来这里游玩。当地人的生活也随之比以往富裕了许多。索巴一家的位置属于青海湖的56景区，在他家草场的前面建起了很多大大小小的饭店。

可是，不幸的事情发生了。索巴发现自家的羊越来越消瘦了，不肯吃草，满口牙已长到6岁的大羊，看起来却像小羊。开始的时候，索巴以为自家的羊生了病，花1000多元钱买来精饲料喂养，但一个月后，这些羊连饲料都不吃了。后来他剖开死羊的肚子，发现羊胃里填满了各种塑料垃圾。

原来，在饭馆的后门，残羹剩饭、鱼内脏、塑料袋、饮料瓶等各种垃圾满地都是，而羊非常喜欢吃塑料袋中有油性的残留物。索巴的儿子说，羊一看见垃圾就像疯了似的往上冲，拦都拦不住，但羊是没办法打开塑料袋的，它们索性连塑料袋一块儿吃下去了。"由于吃下的塑料袋长时间滞留胃中无法消化，这些羊是被活活饿死的。"索巴扯出死羊肚子里的塑料袋，欲哭无泪。

事实上，像塑料袋这样的"白色污染"只是造成环境污染的一个因素，我们同时还面临着土地沙化、工业污染、温室效应等环境污染问题。我们人类也因为环境污染正在蒙受着各种自然灾害的侵袭，遭受到各种各样

的痛苦。

每个人的生存离不开环境,环境质量决定着生存质量,作为现在社会的花朵和未来社会的主人翁,孩子同样有义务成为美好环境的创造者和维护者,而孩子的环保意识和习惯与父母的环保意识和行为有关。所以,要想使孩子有环保意识、环保知识和环保技能,父母必须提高自身的环保素养,教育孩子从身边的小事做起。

首先,父母应该着力培养孩子良好的环保意识。

环保不单纯是一种口号,更是一种意识。孩子只有拥有这种意识,才能时刻提醒自己,才能将其付诸实践。父母要告诉孩子尽可能多的环保方面的知识,帮助孩子了解如何进行环保,这样孩子才能有正确的环保行为。

其次,环保要从小事做起。

父母应该让孩子知道,资源不是取之不尽的,所以节约一滴水、一度电、一张纸都是对环保的贡献。

(1)教育孩子节约水电,重复使用自来水,少开冰箱,少用空调……让孩子从小养成节约能源的好习惯。

(2)让孩子了解常见垃圾的分类方法,对垃圾进行分类投放,以利资源的再利用。

(3)尽量少用或不用一次性的生活用品(一次性筷子、一次性杯子等),尽量少用或不用过度包装的商品。

(4)在家中开辟动物角,让孩子自己饲养小动物。还可以让孩子到动物园认养动物,让孩子在与小动物零距离接触中,培养孩子对动物的深厚感情,使孩子逐步具有保护动物的强烈意识和自觉行为。

(5)父母可以指导孩子自己动手种植树木、花草、蔬菜。也可以引导孩子参加维护社区绿地、植被等活动,让孩子了解植物的特性,增加对植物的情感,培养孩子保护植物的意识与行为。

最后,父母应该鼓励孩子勇于向破坏环境的行为说"不"。

环保不是一个人的力量可以做到的,需要人类的共同努力,所以仅有"我"是不够的。对于社会上他人对环境做出的破坏行为,也要敢于发出正义的声音。

第二章

诚信——人而无信，不知其可也

诚信是一个人的立身之本

诚信是一种美德，更是一种可贵的品质。对于孩子来说，从小就养成诚实守信的好习惯，是健康成长的根本所在，是将来取得成功的坚实基础。

不论在生活上或是学习上，你的信用越好，就越能成功地打开局面，做好事情，同时也能更好地处理与他人的关系。父母应该让孩子知道，生活总是照顾那些诚实守信的人，食言而肥则是最令人讨厌的行为，这样的行为无法取信于人，更别提赢得他人尊重或管理他人了。

我国历史上著名的改革家商鞅为了尽快实施自己的变法，就曾设巧计树立"守信誉"的形象：

商鞅将准备推行的新法与秦孝公商定后，并没有急于公布。他知道，如果得不到人民的信任，新法是难以施行的。

为了取信于民，商鞅采用了这样的办法……

这一天，正是咸阳城赶大集的日子，城区内外人声嘈杂，车水马龙。时近中午，一队军士护卫着一辆马车向城南走来，马车上除了一根三丈长的木杆外，什么也没装。有些好奇的人便凑过来看个究竟，结果引来了更多的人，人们都弄不清怎么回事，反而更想把它弄清楚，人越聚越多，跟在马车后面一直来到南城门外。

军士们将木杆抬到车下，竖立起来。一名带队的官吏高声劝众人说："谁能将此木搬到北门，赏给黄金10两。"

众人议论纷纷。城外来的人问城里的人，青年人问老年人，小孩问父母……谁也说不清怎么回事。因为谁都没有听说过这样的事。有个青年人挽了挽袖子想去试一试，被身旁一位长者一把拉住了，说："别去，天底下哪

有这么便宜的事，搬一根木杆给10两黄金，咱可不去出这个风头。"有人跟着说："是啊，我看这事弄不好是要掉脑袋的。"人们就这样议论着，看着，没有人肯上前来去试一试。官吏又宣读了一遍商鞅的命令，仍然没有人站出来。

城门楼上，商鞅不动声色地注视着下面发生的一切。过了一会儿，他转身对旁边的侍从吩咐了几句。侍从很快奔下楼去，跑到守在木杆旁的官吏面前，传达商鞅的命令。官吏听完后，提高了声音向众人喊道："谁能将此木杆搬至北门，赏黄金50两！"

众人哗然，更加认为这不会是真的。这时一个中年汉子走出人群对官吏一拱手，说："既然有令，我就来搬，50两黄金不敢奢望，赏几个小钱总是可以的吧。"

中年汉子扛起木杆直向北门走去，围观的人群又跟着他来到北门。中年汉子放下木杆后被官吏带到商鞅面前。商鞅笑着对中年汉子说："是条汉子！"拿出50两黄金，在手上掂了掂，说："拿去！"

消息迅速从咸阳传向四面八方，国人纷纷传颂商鞅言出必行的美名。商鞅见时机成熟，立即推出新法。变法最终取得了成功。

商鞅这次变法之所以能取得成功，关键就在于赢得了民众的信任。《周易》中有这么一段话："天之所助也，顺也；人之所助也，信也。"由此可知，诚信待人的行为可以追溯至殷商时代。孔子曾就此问题问过他的学生子贡：

"足食,足兵,民信三者哪个更重要。"子贡想了想,却反问孔子,去二留一怎么办。孔子想了想说:"去兵,去食,唯民信不可去,自古皆有死,民无信不足。"当然不排除这是统治阶级的一种统治手段,但值得肯定的是这却是行之有效的做人智慧。

诚信是一个人在社会上生存的立身之本。孩子虽然现在还没有完全进入社会,但父母也应该让孩子深刻地明白这一点,要让孩子知道做任何承诺都是严肃的,言必信,行必果。只有这样你的孩子才能成长为一个堂堂正正的人。

摆脱爱说谎的坏毛病

谎言是诚信的天敌,要想让孩子讲诚信,父母就一定要帮助他摆脱说谎话的坏毛病。

说谎会对孩子的生活产生巨大的危害,而说谎的毛病一旦形成,便很难改掉。所以,父母有必要引导孩子从小说真话,一步步养成说真话的好习惯。

现实生活中,我们不难发现一个现象:几乎刚会说话的孩子就已经开始撒谎,有时可能更早些。孩子在发展初期,看不出自己言行之间的直接关系,对他们来说,行为远比语言重要得多,而语言都是模糊的,是有多重含义的。

如果孩子一旦有了说谎话的毛病,父母切忌将此视为道德问题,大动肝火。我们应该认识到,孩子的谎言与成人的谎言有本质上的区别。孩子的谎言,大多是把内心想象的事物和现实中的事物混同起来。特别是小朋友在一起时的"吹牛"更是没有边,许多话都是无知的语言,不必介意。比如,"我爸爸带我去动物园见到一个蚂蚁比皮球还大"等,这些都是孩子们的

想象。

当孩子慢慢长大后，他们会认识到故意说谎而误导别人是错误的，当他们发现父母、兄弟姐妹或朋友欺骗自己时，会非常愤怒。他们逐渐开始区分谎言的类型和轻重的程度。

著名的哲学家罗素说："孩子不诚实几乎总是恐惧的结果。"孩子说谎并不可怕，可怕的是面对孩子的谎言，父母听之任之，任其发展。当然，父母想要控制孩子的说谎，培养孩子的诚实，也的确是件不容易的事。

那么，应该怎样杜绝孩子说谎呢？父母需要做的是：

第一，不要恶语相向

切忌用"那么小就骗人，长大后必然学坏""你在说谎""你骗人"这些糟透了的语言，因为这些话很容易使孩子幼小的心灵受到伤害，并因此产生"我是骗子"的想法，进而产生自卑心理。

第二，要找到孩子说谎的原因

如果孩子到了能够分辨是非的年龄仍然说谎，父母就应找出原因。孩子说谎的原因，许多心理学家都给出了答案。概括起来有如下几种：

（1）说谎有时比说真话更能免受处罚。

大多数父母认为，孩子主要是因为不知道撒谎的严重后果才说谎的。事实上，孩子说谎有时是因为说了真话反而受到了惩罚。

（2）出于无奈而撒谎。

许多父母可能无法接受，但孩子撒谎有时的确是因为父母逼的。父母应该知道，孩子也有沉默的权利。许多成年人在处理一些棘手的两难问题时，不也经常保持沉默嘛。如果非要逼孩子说出真相，孩子就只能说谎了。鉴于这种情况，可以给孩子一定的缓冲，等大家都心平气和了，再让孩子主动把事情的真相说出来。

（3）为了讨父母欢心而撒谎。

著名儿童心理学家皮亚杰博士发现，4岁以下的孩子判断自己的言行是否正确的标准，通常是看爸爸妈妈脸上的表情。为了不让爸爸妈妈生气，他们最本能的反应就是不承认自己做过的错事。

第三，父母要以身作则

父母对孩子要言而有信，说到做到，起表率作用，千万不要欺骗孩子。并注意对孩子的诚信教育，多给孩子讲一些诚信方面的故事，强调做人要做诚实的人。

第四，要让孩子有安全感

孩子之所以说谎，很多时候都是因为需要安全感。如果父母能够给孩子安全感，孩子就会诚实起来。

第五，不要给孩子施加心理压力

父母对孩子过高的期望，会给孩子增加压力，导致孩子说谎。因此，父母对孩子的期望值要合理，不要希望他们做出超出自身能力的事。父母要以宽容之心对待孩子，经常与孩子倾心交流，减少孩子的心理障碍，做孩子的知心朋友。

总而言之，当孩子说谎时，父母正确的做法是去分析、研究，找出孩子说谎的原因，对症下药，进行善意的引导和教育。在孩子的成长过程中，有一个能保护和培养孩子说真话的父母，孩子就会自然而然地养成说真话的

好习惯，长大后也一定会成为一个很正派、很真诚的人，并且会受到人们的欢迎和尊敬。因为只有一个人说真话，相信别人，对生活有信心，才会问心无愧地面对各种事情，也才会得到别人的信任和理解。

勇于担当，知错能改

古希腊伟大的哲学家苏格拉底说过："否认错误一次，就是重犯一次。"人生在世，做错事、出现过失是不可避免的，这并不可耻，人非圣贤，孰能无过！问题的关键在于如何面对错误和过失，是勇敢地承担起自己的责任，知错而改，还是为了面子否认过失，死不承认。

著名散文学家刘墉在一篇名为《庸医与华佗》的文章里，讲述了一则足以让人心灵震颤的故事。内容大致是这样的：

一位行医数十年的妇科名医在出诊时发现一名妇女子宫里长了肿瘤，他要求病人马上动手术，以防恶化。病人十分害怕，也十分感激这个名医及早地发现了隐藏在自己身上的这枚"炸弹"。手术很快就安排就绪了，手术室里所有的器材都是最新的，对于这位已经有过上千次手术经验的医生而言，只须切开一个小小的口，取出病人体中的瘤体，就能使病人永绝后患，但是故事并没有像我们事先预想的那样顺利发展下去。

医生打开病人的腹部，向子宫深入观察，准备下刀，他有把握将肿瘤一次切除，使病人永绝后患。

但是他突然全身一震，刀子停在半空中，豆大的汗珠冒上额头。

他看到了令他难以置信的事，一件在他行医数十年之间不曾遭遇的事：子宫里长的不是肿瘤，而是一个胎儿。他怔住了，陷入了矛盾和挣扎中。如果下刀，硬把胎儿拿掉，然后告诉病人，摘除的是肿瘤，病人一定会感激他恩同再造。而且可以确定，那所谓的瘤，一定不会复发，他说不定还能得

个"华佗再世"的金匾呢!相反的,他也可以把肚子缝上,告诉病人,看了数十年的病,他居然看走眼了。

这不过几秒钟的挣扎,已经使他浑身湿透,他小心地缝合好刀口之后,回到办公室,静待病人苏醒。

医生走到病人床前,他严肃的神情,使病人和其在场的亲属都手脚冰冷,等待最坏的宣判。

"对不起!太太,我居然看错了,你只是怀孕,没有长瘤。"医生不顾及自己的面子,实话实说,并深深地致歉,"所幸及时发现,孩子安好,你一定能生下个可爱的小宝宝!"

听了他的话,病人和家属全呆住了,隔了十几秒钟,病人的丈夫突然冲过去,抓住医生的领子,吼道:"你这个庸医,我要找你算账!"

后来,孩子果然顺利出生,而且发育正常。

但是医生被告得差点破产,名誉扫地。

有朋友笑他,为什么不将错就错?就算说那是个畸形的死胎,又有谁能知道?

"老天知道!"医生只是淡淡一笑。

这名医生的勇气令人敬佩。在名誉与良心道德的天平上,他选择了后者。而在通往众人景仰的圣殿与万人唾弃甚至是牢狱之灾的路上,他也选择了后者,这需要多么大的勇气啊!刘墉接下来评析说:"为自己的身家名誉而去拼命的人,算不得大勇。不顾自己的身家名誉,而去维护真理的人,才是真正的勇者。"

这个故事对孩子有着特殊的教育意义,孩子从小学会"担当":勇于承认错误,积极努力地弥补过失,长大了自然就会有责任心。

当然,在孩子的生活中,很难会有类似的生死抉择的时刻,所以不可能通过这样的经历来教育他。父母应该做的是通过一些平凡的小事培养孩子的"担当"品质,让孩子意识到"担当"的重要性。文文的妈妈是这样做的:

有一次,文文发脾气把图画书扔在地上。妈妈就故意自己不捡,也不要爸爸帮着捡。——如果文文当时不肯捡也没关系,就让书放在地上好了。

很快文文就平静下来,把刚才的事忘得一干二净,缠着妈妈讲故事。妈妈说:"你不是把书扔了吗? 妈妈不能给你讲了。"文文这时才开始着急,赶紧自己把书捡起来。以后的日子,他知道了扔书的结果是听不成故事,还得自己再捡,就不再随便扔了。

对于孩子来说,应该将"担当"作为一种品质植根于心灵深处,而父母所要做的就是全力地帮助孩子培养这种品质。

虚荣心是讲诚信的大敌

心理学认为,虚荣心是以不恰当的虚假方式来保护自己自尊的一种心理状态。虚荣心是为了取得荣誉和引起普遍注意而表现出来的一种不正常的社会情感。爱慕虚荣的人大多喜欢自吹自擂,不论是说话还是做事情,都不怎么考虑现实情况,要求这样的人讲诚信无疑是缘木求鱼。

先来看虚荣心产生的原因。

虚荣心的产生与人的需要有关。每个人都有受尊重的需要,这种需要包括成就、力量、权威、名誉、地位、声望等方面。有了成就,就可能受到尊重;有了力量、权威,也可能受到尊重;而名誉、地位、声望都与尊重息息相关。

尊重的需要可以通过许多正当的手段来获得满足。帮助他人,他人给你以尊重;工作出色,同伴给你以尊重。可是,也有一些人在尊重的需要得不到满足,或者尊重的需要受到某些挫折时,通过不恰当的手段来获得满足,这就是虚荣的表现。因此,有的人说虚荣心是一种扭曲了的自尊心。

在汉语中,虚荣往往与虚假、撒谎、欺骗、浮躁等词语联袂出现。在一个人的成长过程中,虚荣同样会与它们结伴而行。

因而,父母应该对孩子的虚荣心理防微杜渐。

首先,要创造条件满足孩子自尊的需要。自尊是进步的动力。没有自尊

的需要,就不会有进取的欲望与进取的行为。当孩子取得成功,当孩子有了进步,当孩子做了有益于他人、有益于集体的事时,父母都要及时地给以鼓励、赞许。在这个意义上讲,父母不要吝啬"赞扬",而要以多种形式在孩子心中播撒阳光。

其次,要让孩子懂得自尊的内容,即什么样的自尊才是真正的自尊,什么样的人才是真正值得尊重的。比如一位老师知道自己班的某位同学把自己当清洁工的爸爸说成是邻居之后,没有对他进行批评指责,而是精心安排了一次少先队活动:先是组织全体少先队员去参观其爸爸清扫的街道,然后又请其爸爸到班上来介绍自己的工作。同学们的心灵得到了一次洗礼,这个孩子也逐渐意识到:爸爸是值得尊重的,爸爸的工作是值得敬佩的。而他的虚荣心也逐渐得到纠正。

具有虚荣心的孩子一般都比较敏感。在他们因为虚荣心作怪而说了些谎话或做了些错事之后,不宜直接去戳穿他们,以免弄断了他们脆弱的心灵之弦。上面例子中的老师就是一位处理这些问题的能手。他听说那个同学的事情后并没有直接找他谈话,更没有严厉地批评他,而是巧妙地策划了上述活动,既保护了孩子,教育了孩子,又给全班同学上了一堂成功的思想教育课。

对于孩子的虚荣心理,除了老师的教育之外,父母也同样有着不可推卸的责任。

最后,父母要做的就是从小培养孩子"悦纳自己"的好习惯。

"悦纳自己"是心理健康的重要标志。它包括:正确地认识自己、愉快地接受自己和恰当地评价自己。其中最难办的是"愉快地接受自己"。因为要做到这一点不但要接受自己的长处,而且要接受自己的短处;不但要接受自己的优势,而且要接受自己的不足;不但要接受自己的完美之处,而且要接受自己的缺憾之处;不但要接受自己的过去,而且要接受自己的现状。

让孩子愉快地接受自己不是件容易的事情,需要我们做很多工作。但不管做什么工作,都应该引导孩子看到自己的过人之处。"尺有所短,寸有所长",每个人都有超过他人的地方,让孩子懂得这些、看到这些,孩子对自己就有了信心,也就消除了虚荣心。

如何培养孩子讲诚信的优秀品质

在前面我们已经讲过,诚信是一个人的立身之本,父母应该培养孩子讲诚信的优秀品质。那么,具体地说,父母该如何培养孩子的这种品质呢?

我们先来看一个故事:

"国母"宋庆龄从小就被父母教育要做一个讲诚信的人。

有一次,父母要带全家去朋友家做客,其他孩子都穿戴整齐准备出发了,只有宋庆龄仍然坐在钢琴面前不停地弹琴。

母亲喊道:"孩子们,我们快走吧!"

宋庆龄不由自主地站了起来,但很快又坐下去了。父亲问道:"孩子,你怎么了?"

宋庆龄有些着急地说:"今天我不能去伯伯家了。"

"为什么不能去,孩子?"妈妈问道。

"爸爸,妈妈,我昨天答应了小珍,她今天来我们家,我要教她叠花。"宋庆龄说。

"我还以为什么重要的事呢!下次再教她吧!"父亲说。

"不行,小珍来了会扑空的。"宋庆龄叫了起来。

"要不,你回来后到小珍家去解释一下,向小珍道个歉,明天再教她也没关系。"妈妈出了个主意。

"不行,妈妈!您不是经常教育我要信守诺言吗?我答应了别人的事情,怎么可以随意改变呢?"宋庆龄坚定地摇着头。

"哦,我明白了,我们的庆龄是一个守信用的孩子,"妈妈会心地笑了,"那就让庆龄留下吧!"

于是,父母带着其他孩子去做客了。父母回家后,却见宋庆龄一个人在

家里。"庆龄,你的朋友小珍呢?"父亲问道。

"小珍没有来,可能她临时有什么事吧。"宋庆龄平静地回答。

妈妈心疼地问:"小珍没有来啊? 那我们的庆龄不是很寂寞吗?"

宋庆龄却回答:"不,妈妈,虽然小珍没有来,但是我仍然很高兴,因为我信守了诺言。"

宋庆龄父母的诚信教育是成功的。父母是孩子的第一任老师,是孩子的启蒙教育者。在孩子的思想和品德都未定型时,父母的一言一行都对孩子有着重要的影响。

在了解了这一点之后,我们再来看父母该如何培养孩子讲诚信的优秀品质:

一、给孩子树立诚信的榜样

为了培养孩子的诚信习惯,父母对待孩子一定要讲诚信。孩子很容易受到父母某种行为的暗示。如果父母言行不一,不履行承诺,孩子就会受到暗示,那就是不守信的行为是允许的。一旦这些经验转化为孩子不讲诚信的行为时,父母恐怕要后悔莫及了。

二、对孩子进行诚信教育

父母要始终如一地要求孩子守信用、负责任,教导孩子出现缺点和错误时要勇敢承认,接受批评,绝不隐瞒。

你可以在家里多讨论诚信的重要性,给孩子讲一些名人诚信正直的故事。针对社会上那种坑蒙拐骗的行为,父母要态度鲜明地进行批判。

三、满足孩子的合理需要

孩子不诚信的行为大部分是出于某种需要,如果父母对这种合理需要过分抑制,孩子就会换种方式,以某种不诚信的行为来满足自己的需要。

因此,父母应该认真分析孩子的需要,尽量满足其合理的部分。对于不

在成长中培养好品质

合理的需要,则要跟孩子讲明道理。

四、决不姑息孩子不诚信的行为

如果孩子出现了言行不一致的行为,父母一定要及时指出来,严肃地向孩子讲明道理,并督促孩子认真履行自己的承诺。

千万不要觉得孩子还小,或者觉得事情无关紧要就放纵他们的缺点,这样,孩子会不断强化不良的行为,从而形成不良的品格,进而影响他的人生。

五、不要随意怀疑孩子

我们经常会看到这样的父母:他们要求孩子吃完饭在房间里学习半小时,结果却每隔 5 分钟进去看一下孩子是否在偷懒;他们要求孩子去买件东西,却总担心孩子把多余的钱买零食吃。

父母的这些行为,往往导致孩子用撒谎来对抗,而父母却认为自己的怀疑是有根据的,这就更加滋长了孩子的撒谎心理。

六、家长要勇于承认错误

在现实生活中,许多父母都有可能不自觉地对孩子讲了一些不诚实的话,或者讲过的话没有兑现。这时候,父母一定要放下架子,以平等的身份向孩子承认错误,这样反而会赢得孩子的信任。

七、教育孩子明白"讲诚信"与"讲策略"的关系

在教育孩子们诚实、不撒谎的同时,也应教育他们明白"讲诚信"与"讲策略"的关系。使他们懂得,有时候"善意的谎言"同样是很必要的。比如,有的医生对危重病人隐瞒病情,不让他们增加精神上的负担。这种情况下"撒谎",不但不会被"大灰狼"吃掉,反而是保护他人、保护自己的必要手段。只有把两个方面都讲清楚,对孩子们的"诚信教育"才是全面的。

第三章

勤劳——一勤天下无难事，功夫不负苦心人

培养吃苦耐劳的优秀品质

印度哲人布尔卫曾说过这样一段话：人所缺乏的不是才干而是志向，不是成功的能力而是勤劳的意志。

的确，吃苦耐劳是中华民族的传统美德。而随着物质生活水平的提高，经济条件的改善，这种可贵的美德更需要发扬光大。一个人如果没有一点吃苦耐劳的精神，就干不成任何大事情。不仅成年人需要这种精神，就是小孩子也不能例外。对于父母来说，无论出发点是为了国家培养人才，还是单纯地从望子成龙方面着想，都需要让孩子从小锻炼，培养吃苦耐劳的优秀品格。

美国最伟大的文学家之一杰克·伦敦在 19 岁以前，从来没有进过中学。他在 40 岁时就死了，可是他却给世人留下了上百部文学作品。

杰克·伦敦的童年生活充满了贫困与艰难，他整天像发了疯一样跟着一群恶棍在旧金山海湾附近游荡。说起学校，他不屑一顾，并把大部分时间都花在偷盗等勾当上。不过有一天，当他漫不经心地走进一家公共图书馆内开始读起名著《鲁滨逊漂流记》时，他看得如痴如醉了，并受到了深深的感动。在看这本书时，饥肠辘辘的他，竟然舍不得中途停下来回家吃饭。第二天，他又跑到图书馆去看别的书。一个新的世界展现在他的面前——一个如同《天方夜谭》中巴格达一样奇异美妙的世界。从这以后，一种酷爱读书的情结便不可抑制地左右了他。他一天中读书的时间往往达到了 10~15 小时，从荷马到莎士比亚，从赫伯特·斯宾塞到马克思等人的所有著作，他都如饥似渴地读着。当他 19 岁时，他决定停止以前靠体力劳动吃饭的生涯，改成用脑力劳动谋生。他厌倦了流浪的生活，他不愿再挨警察无情的拳

在成长中培养好品质

头,他也不甘心让铁路的工头用灯揍自己的脑袋。

于是,就在他19岁时,他进入加州的奥克兰德中学。他不分昼夜地用功,从来就没有好好地睡过一觉。天道酬勤,他也因此有了显著的进步,他只用了3个月的时间就把4年的课程念完了,通过考试后,他进入了加州大学。

他渴望成为一名伟大的作家,在这一雄心的驱使下,他一遍又一遍地读《金银岛》《基督山恩仇记》《双城记》等书,随后就拼命地写作。他每天写5000字,这也就是说,他可以用20天的时间完成一部长篇小说。他有时会一口气给编辑们寄出30篇小说,但它们统统被退了回来。

后来,他写了一篇名为《日本海口的台风》的小说,这篇小说获得了旧金山《呼声》杂志所举办的征文比赛头奖。但是他只得到了20元的稿费。他贫困至极,甚至连房租都付不起了。

那是1896年——令人兴奋和激动不已的一年。人们在加拿大西北柯劳代克,发现了金矿。

跟随着像蝗虫一样的淘金者人流,杰克·伦敦踏上了通往柯劳代克之路。他在那儿待了一年,拼了命似的挖金子。他忍受着一切难以想象的痛苦,而最后回到美国时,他的囊中却仍然空空如也。

只要能糊口,任何工作他都肯干。他曾在饭店刷洗过盘子;他擦洗过地板;他在码头、工厂里卖过苦力。

后来,有一天——他饥肠辘辘,身上只剩下两块钱了——他决定放弃卖苦力的劳苦工作,献身于文学事业。这是1898年的事。

5 年后的 1903 年，杰克·伦敦有 6 部长篇以及 125 篇短篇小说问世。他一跃而成为了美国文学界最为知名的人物。

我国历史上有一副著名的楹联：
有志者，事竟成，破釜沉舟，百二秦关终属楚；
苦心人，天不负，卧薪尝胆，三千越甲可吞吴！
的确，一个人只要勤奋不懈地努力奋斗，就总有一天能得到自己想要得到的东西，杰克·伦敦用自己的经历证明了这一点。

在现实生活中，我们有些父母在培养孩子吃苦耐劳的精神方面缺乏足够的认识。事实上，这些父母大多在艰苦的条件下奋斗过，知道艰苦生活的滋味。而正是那些艰苦岁月，才促使其发愤成才，走向成功；可是他们在对待孩子的成长上，却喜欢过分地爱。其用心可能是不要孩子再受当年自己曾经受过的苦。有的父母认为，自己过去在那种艰苦条件下尚能成才，现在有这么好的条件，孩子更应有出息。在这种心理驱使下，父母只注意为孩子提供好的条件，而忽视艰苦奋斗教育。这样做当然不会有理想的结果。

其实，人往往在逆境中、在艰苦条件下，才更有发愤图强的决心；而一贯养尊处优，则容易丧失进取的决心和拼搏的斗志。父母应该清醒地认识到这一点，即使家庭条件再好，也不能让孩子养成坐享其成的坏习惯，要尽量让孩子独立完成他自己应该也能够完成的事情。例如，当孩子在寒冷的冬天不愿起床的时候；当孩子难以完成一件手工制作的时候；当孩子跳绳跳到最后筋疲力尽的时候；当孩子正在完成分内的家务活，小伙伴来找他出去玩的时候；当孩子感冒发烧的当口……这些都是锻炼吃苦的场合和机会，吃苦耐劳的精神就来自这其中的坚持。

父母只有坚持不懈地培养孩子吃苦耐劳的优秀品质，孩子长大后才不至于"四体不勤，五谷不分"，才不至于像某些报上所载的极少数考上大学的新生那样，因为生活不会自理而被迫退学。

勤于动手，热爱劳动

生活中经常看见那些手拿小勺、满脸都是饭粒的孩子,憨态可掬、津津有味地自己吃饭。虽然他们吃得慢,满脸都是饭菜,但他们吃得特别香,更可贵的是他们的小手正在学着为自己服务。看到这样的景象,有教育眼光的父母会流露出一种欣慰与满足的表情。然而,也有许多父母为了省时间,为了不弄脏孩子的衣服,硬是夺走孩子手中的碗勺,亲自喂孩子吃饭。这些父母并不知道,他们夺走的并不仅仅是孩子手中的碗勺,无形中他们剥夺了孩子动手锻炼的机会和由此所培养起来的其他各种能力。许多独生子女在大人们的包办代替下,变得越来越退化,变得越来越迟钝了!

俗话说,"十指连心""手巧心灵",可父母往往在寄予孩子无限希望的同时,又轻易地抹杀了孩子的动手能力。父母给予婴幼儿阶段的孩子无微不至的关怀,帮他穿衣、戴帽、系鞋带等,料理一些生活琐事是必要的,可孩子长到六七岁时,这些事情如果还是由父母来完成的话,这些父母的行为就不是在爱孩子,而是在害孩子了。

让孩子勤于动手,不仅是培养孩子良好行为习惯的需要,也是发展孩子智力的一个重要手段。用来制造财富的双手被废弃了,就相当于一个人的大脑在意外伤害中受到剧烈的撞击,形成永久性的脑震荡一样,是对智力的一种严重的损伤,而这是人为的,是可以避免的。

有位四年级的学生,父母为了不耽误孩子的学习,从不让孩子做一点事。一次学校春游,妈妈给儿子准备了熟鸡蛋,这下可难住他了,鸡蛋没缝怎么吃呢? 他又把鸡蛋带回去了。也许有人会问,这孩子怎么这么笨,连动手剥鸡蛋的能力都没有? 原因就在于他从来没有自己动手剥过鸡蛋。这个例子虽然比较个别,但是它反映出的问题却是很大的,谁能说这样的孩子

就只有一个呢？在家过着"饭来张口，衣来伸手"的生活，什么东西都是早已经准备好的，这样的教育方式难道不会培养出更多，比不会剥鸡蛋壳更甚的孩子吗？当我们父母满怀激情、不顾一切地代替孩子行动的时候，也正是抑制孩子创造力的时候，正是把孩子往"火坑"里推的时候。

所以，好心的父母们，如果你真的为了孩子好，不想让自己的孩子掉到"火坑"里去，不想让自己的孩子只会说不会做，那就赶快停止你们不必要的行动吧！

下面介绍几种培养孩子动手能力的方法，以供父母们参考：

一、在游戏中培养动手能力

游戏是孩子最感兴趣、最喜爱的活动，父母在带领孩子游戏时，要重视孩子动手能力的培养。孩子喜欢玩泥巴、玩沙，父母不妨抽出半天时间，陪孩子去田边泥地、海边沙滩，让孩子尽情地玩一玩，在孩子在用双手和泥沙打交道的过程中，充分发挥他的观察力、想象力和创造力。此外，我们要对孩子亲手创造出来的、哪怕是一件不成熟的作品加以肯定，鼓励孩子继续努力，说不定未来的雕塑家、建筑师就会在这泥地、沙滩中产生。

二、在劳动中培养动手能力

根据孩子的年龄特点，3岁左右的孩子在父母的帮助下，逐步学习盥洗、进餐、穿衣脱裤、解大小便、收拾玩具和图书，或帮成人取放物品等；4岁

左右的孩子要求他们能独立迅速地穿脱衣服、折叠衣被，做些简单的家务，如：抹桌子、扫地、洗袜子等；五六岁的孩子应要求更高，要形成良好的劳动习惯，并有始有终地做自己能做的事。双休日包饺子时，孩子也想参加的话，父母应该欢迎孩子的加入，教给孩子正确的方法，让孩子揉一揉、看一看、想一想，最后尝一尝，体验用双手劳动带来的快乐。

三、在自然界中培养动手能力

带领孩子爬山郊游，让孩子观察春夏秋冬自然景色的变化；和孩子一起种植花草树木，了解植物生长过程；养些小动物，让孩子观察它们的习性动态；让孩子做些自然科学小实验：用小镜子观察光的反射；用铁片和纸片在水中比较沉浮等等。日常生活中，注重启发孩子动脑动手，手脑并用，促进孩子发散性思维的发展。有专家说过："手和脑之间有着千丝万缕的联系，这些联系起着重要的作用：手使脑得到发展，使它变成创造聪明的工具，变成思维的工具和镜子。"只要父母做有心人，启迪孩子智慧，培养动手动脑能力的事例俯拾即是。

四、为孩子创造良好的家庭环境

在 21 世纪的中国，住房条件大大改善。可在许多装修豪华的套房里，很难发现属于孩子的小天地，有的父母虽然专门为孩子准备了儿童房，但却要求孩子不许动这、不许摸那，束缚了孩子的手脚。对孩子而言，华丽的房间只不过是他可以睡觉的地方。孩子需要的是属于自己的空间，而不是华而不实的卧房。为孩子做个玩具柜，由孩子自己摆设玩具；订些儿童书报，让孩子随时翻阅；买一两种乐器放在家里，在孩子高兴时教他吹拉弹唱；在阳台上设置一个自然角，养点花鸟，让孩子承担浇水、喂食的任务。想让自己的孩子真正聪明能干起来，就放心地让他们自己去动手、去探索吧！

有言道："樱桃好吃树难栽，不下苦功花不开。"美好的东西总是要付出相应的劳动和汗水才能获得。"天底下没有免费的午餐"，要想自己生活得好，生活得有价值，就必须热爱劳动，"自己动手"才能"丰衣足食"。

朱德在《回忆我的母亲》一文中阐述了从小参加劳动对他终生的影响。朱德在四五岁的时候就开始帮助妈妈做事,在八九岁的时候,朱德不仅能挑东西,而且还会种田了。每次朱德放学回家,总是书包一放,就帮妈妈去挑水或放牛了。有时候,他上午读书,下午种地。农忙的时候,朱德更是整天在地里跟着母亲一起劳动。朱德深情地写道:"我应该感谢母亲,她给了我与困难做斗争的经验。我在家庭生活中已经饱尝艰苦,这使我在以后的生活中再也没有感到过困难,没有被困难吓倒。母亲又给了我一个强健的身体,一个勤劳的习惯,使我从来没有感到过劳累。"

由此可见,劳动不仅能够造就一个人健康的身体和坚强的内心,而且能够给人以快乐和幸福。

劳动是人类的第一需要,所谓"不劳动者不得食"。但是,许多父母却由于溺爱孩子或只要求孩子搞好学习等各种原因,忽视了对孩子的劳动教育,使孩子逐渐养成了不爱劳动的坏习惯。据调查,现在的中小学生,爱劳动、有较好劳动习惯的约占 1/3,其余 2/3 的中小学生是不爱劳动或不太爱劳动的。缺乏劳动意识的孩子最终会养成依赖成人的习惯,而且,由于孩子没有经过劳动的磨炼,以后走上社会也很难胜任自己的工作。

有人说:"我们和孩子一起劳动,这大概就是我们的全部教育。他们能自己教育自己,因为他们参加劳动……劳动是最体贴人的最靠得住的保姆,同时它也是最细心最严格的保姆。"伟大的教育家苏霍姆林斯基认为这段话"表达了劳动人民充满智慧的教育观点",因为,只有从小参加劳动的人,他才能从"我要"中解脱出来,变"我要"为"我给",才能真正获得幸福。

那么,父母应该怎样培养孩子劳动的习惯呢?

一、父母要重视对孩子的劳动教育

有这么一部纪录片,讲述的是野生狐狸的故事。狐狸妈妈对自己刚生下的小狐狸非常照顾,可谓舐犊情深。但当小狐狸渐渐长大后,狐狸妈妈却像发了疯似的要"逼"小狐狸离开自己温暖的家。刚开始,小狐狸不愿意离开,但是,狐狸妈妈就是不让小狐狸进家,它又咬又赶,非要把小狐狸从家里撵走。最后小狐狸只好夹着尾巴落荒而逃,去开始过自己的独立生活。不

光是狐狸,还有其他许多动物都跟狐狸妈妈一样保持着这种做法。这些动物们看似冷酷,但其实,它们只是要让自己的孩子学会自己劳动,学会自己捕食,这样才能靠自己生存下来。

孩子不爱劳动与家庭教育有极大的关系,许多父母心疼孩子,怕孩子吃苦受累,因此往往不让孩子劳动;有些父母则怕孩子干不好,不如自己干来得省事;有些父母认为孩子学业重,功课多,不想占用孩子的宝贵时间;有些父母则认为孩子的任务是学习,劳动作为一种技能以后自然会做的,用不着父母教育。这样,孩子就渐渐失去了劳动的意识,养成了不爱劳动的坏习惯。

教育家苏霍姆林斯基说过:"一个孩子为了浇花,开始提了一小桶水,接着他又提第二桶、第三桶、第四桶,结果,他累得满头大汗。这时,你不必担心,因为对他来说,这其实是世界上任何一种别的喜悦都不能够比拟的真正喜悦。在这种辛勤的劳动中,孩子不仅可以了解到世界,而且可以了解到他自己。童年时期的自我教育正是从了解自己开始的,而且这种自我了解是非常愉快的。一个大约5岁的孩子栽了一棵玫瑰树,开出了一朵很美丽的花,他不仅十分惊讶地观看着自己双手劳动创造出来的成果,而且还观察了自己本身:'难道这是我自己做成的吗?'像这样,孩子在慢慢地体验无与伦比的劳动乐趣的同时,还可以通过这件事来认识他自己。"

因此,要帮助孩子热爱劳动,父母首先要重视对孩子进行劳动教育,平时不要溺爱孩子,应该让孩子做一些力所能及的事情,同时以社会生活实际、社会发展历史和家庭生活实例等告诉孩子劳动的重要性,让孩子从思想上认识到劳动的光荣,劳动的伟大,不爱劳动的人是没有出息的。

二、要教给孩子一些劳动技能

干什么活都有一定的方法,劳动也需要一定的技能,这就要求父母教给孩子一些劳动的程序,劳动的操作要领、方法及劳动的技巧。例如,父母要求孩子做饭,就应该告诉孩子做饭的程序,要多少米,放多少水,煮多长时间,等等。父母要孩子洗衣服,就要教孩子洗衣服的技能,教孩子先将脏衣服按颜色分为深色、浅色、白色几类,教他看衣服的标签,把要干洗和特

殊处理的衣服挑出来,再告诉他该怎么操作洗衣机、放多少洗衣粉、事先处理污垢等。父母要注意示范,教会孩子劳动程序。孩子只有掌握了劳动的技能,他才会愿意去做,才能做好。

做任何事情都需要一个学习的过程,父母应该耐心地教孩子去做。在孩子遇到困难的时候,千万不要简单地对孩子说:"你自己想办法吧!"或者把孩子搁一边不管他,或者严厉地责怪孩子无能,这样会让孩子感到自己没有本事,从而产生厌倦的情绪。

因此,在孩子的劳动过程中给予指导,给予鼓励,培养孩子的劳动技能是比较重要的。在孩子取得进步的时候,哪怕是一个非常微小的进步,父母也要鼓励孩子,让孩子从劳动中体验到快乐和幸福。

三、注重实践锻炼

对孩子进行劳动教育,不能只限于口头,而应该通过劳动实践来进行。如果父母在平常没有让孩子参加具体的劳动,那么,孩子是不太可能爱好劳动的。

父母可以让孩子学着收拾饭桌、洗碗,不要担心孩子可能会把碗打碎,与孩子的劳动精神相比,打碎一只碗又算得了什么呢?诸如洗衣服、拖地、倒垃圾、购买日常生活用品、修理一些旧东西、整理房间等家务劳动都可以要求孩子去做。父母最好每天安排一定量的劳动让孩子做。一般来说,小学生每天 10～20 分钟,中学生每天 20～30 分钟为宜,具体情况可根据孩子的功课情况来调节。当然,劳动的内容应根据孩子的实际情况决定,从简单到复杂逐渐过渡,切不可刚开始就让孩子去做难度比较大的劳动,这样孩子只会更加不爱劳动。

但是让孩子做家务,毕竟会占用他玩的时间,孩子往往会不太情愿。为了让孩子更加乐于做家务劳动,父母要注意以下几个原则:

(1)不要在孩子正兴高采烈或聚精会神地做某件事时让孩子做家务;

(2)不要一次性给孩子太多的活,超出孩子的能力范围;

(3)不要经常用恐吓或者惩罚的手段强迫孩子做家务;

(4)不要用金钱或其他物质奖励来引诱孩子做家务,而忽略了孩子有

做家务的责任和义务；

（5）不要允许孩子在做家务活的时候拖拖拉拉，养成不好的习惯。

四、尊重孩子的劳动

培养孩子爱劳动的习惯，需要父母进行一定的强化。但是，父母必须注意不要单纯地把孩子当作劳动力来使唤，不要把劳动当作惩罚孩子的手段，也不要过分用物质或金钱来强化孩子的劳动，而是应该通过表扬、鼓励等方法来强化，在孩子劳动的过程中多做具体的指导，多鼓励、尊重孩子的劳动果实，这样会让孩子从劳动中获得更多快乐，从而有效强化孩子爱劳动的习惯。

家务劳动，好处多多

为了培养孩子勤劳的优秀品质，父母应从小就给孩子分配其力所能及的家务。这不仅在平时是培养孩子优秀品质的有效手段，更有利于发生紧急情况时孩子的自我保护。为应付意外，事先做好家庭成员的分工很有必要，这一点已被专家在研究一旦发生地震、火灾、水灾等自然灾害，各个家庭如何应付的问题时所证明。研究中发现，如果平时给孩子分派一些工作，在灾害发生时，孩子就不会成为妨碍父母行动的累赘。相反他能凭自己的力量动脑筋，想办法脱离险境。

许多人都记得小时候分担家务的情况：五六岁时就可能被分派去看猪崽，七八岁时便帮着母亲生火做饭，十来岁时便开始自己洗衣服……所以，他们的生活自理能力往往很强。

在父母看来，最初孩子干活真让人不放心，孩子干得费劲又不尽如人意，还不如自己三下两下就干得又快又好。但是，若因为不满意而不让孩子

干的话,孩子很可能永远也干不好。其实,对孩子而言,每次领受一项新的工作总是感到很兴奋,有一种被信任的荣誉感,他们会努力把自己的工作做好。

为了有效地进行家务劳动教育,父母不能盲目地为孩子安排家务,在方法上必须有所讲究。首先,为孩子制定一个时间表,内容是不同时间他要完成的不同家务,而且要求他必须按时完成。这个时间表父母可以和孩子一起制定,以便双方都可以提出自己的意见。这个表要详细、具体,便于对照执行。时间表制定完成后要誊写清楚,然后贴在家中大家都能看见的地方。还可以在表中留下一些空格,这样每完成一项工作就可以做个记号。家务劳动的工作量和完成每一件家务所需要的时间,应该适合孩子的年龄和孩子可以自由支配的时间。不要太多,否则要想全部完成而且令人满意会变成一项非常困难的事;也不要太少,否则孩子不会真正为此牺牲什么。如果有必要,每过几个月可对表进行一些调整——增加、减少或者改变家务的内容和完成的时间。理想的情况是,应该有一两项是孩子必须做的,父母中任何一位平常都可以对其进行监督。

其次,应当安排孩子做那些他感到对家庭生活能做出贡献的家务。除了"把你的房间打扫干净"之类对于孩子个人而言有意义的事情外,这个表应该包括一些为全家人服务的任务,比如"洗碟子""把汽车里面打扫干净",或者"把纸装订一下以便于重新使用"。

在指定让孩子完成的为家庭服务的家务时,要注意征求孩子的意见。每次都要让孩子做一些他自己愿意做的事,即使它意味着改变了你平常做这些事的方式。对孩子的主动精神应给予鼓励。

最后,安排的家务,对孩子来说必须是适合的。孩子对乐于去做的事都会做得比较好,因此对父母和孩子来说都更有意义。一旦分派给孩子的事,父母就应让孩子明确意识到这是他的工作,即使有时因为某种原因,分派给孩子的工作由父母帮忙做了,也应让孩子意识到,这是父母帮他做了应由他做的事。这样,孩子就会自然地形成"这是我的工作"的意识,长大后他便会产生必须完成自己工作的强烈责任感,从而成为独立性强、责任心重的人。

培养生活自理能力

父母不能跟随孩子一辈子,孩子终将独立生活,走向社会。所以,对于父母来说,培养孩子独立处世和生活自理能力,同关心孩子的读书和成绩一样重要。

斯蒂芬已经 12 岁了,她是个永远也长不大的孩子,什么事情都由父母操心,一旦父母不管,她就什么都不知道了。每天早上起床、刷牙、洗脸、吃饭,晚上回来做作业、睡觉……样样都要父母安排好,哪一天如果少了一样,她的生活就会发生混乱。

她的父母每天工作都很忙,碰到这样的情况,也只有叹气了。她的妈妈心底里暗暗羡慕同事的孩子懂事,不需要操心。同事建议她不要管孩子,让她自己来,可是她又放不下心,更不忍看孩子茫然无措、手忙脚乱。

斯蒂芬在学校的成绩很好,还是班干部,其他方面也不错,深得老师和同学喜欢,可是她一回到家里,就什么也不会做了。

很显然,斯蒂芬是缺乏自我管理能力,而原因就在于她的母亲过于关心她了,从小没有注意对她自理能力的培养,结果把自己弄得很累。现实生活当中,像斯蒂芬母亲这样把孩子惯得什么都不会做,自己反而搞得很累的父母不乏其数。

在我国,孩子一升入大学,反映在孩子身上的普遍现象就是没有生活自理能力。他们由于缺乏独立性,一时间把自己搞得非常狼狈,有的被子不知怎么叠,有的吃饭不知到何处去买,有的新买的手机不知怎么用,有的把东西乱摆乱放,过一会儿想找就找不到了,等等。这些现象的发生,都是由

于他们小的时候从来不动手，父母没有给他们提供动手的机会造成的。其结果是孩子的想象力和思维得不到好的发展，即使学习成绩好，也是理论脱离实际，成为高分低能的书呆子。这样的人只是记录知识的机器，少有创造力。由此可见，培养孩子的自理能力是至关重要的。

那么，自理能力指的是什么呢？又如何培养呢？

自理能力一般是指一个人能自己安排学习、生活、工作、交往，能妥善处理自己所遇到的各种问题。培养孩子的自理能力，最重要的是放手让孩子去实践，给孩子积累经验的机会。

经验长知识，实践出能力，良好的自理能力和自理习惯，只有在不断的、长期的实践中才能培养起来。这就要求父母不要怕孩子吃苦，也不要怕

孩子做不好。凡是应该由孩子自己去做，而且孩子力所能及的事情，一定要让孩子自己去做。

如除了孩子自己的房间或床铺的整理应由孩子自己负责外，还应该让孩子做一些力所能及的家务，教会孩子做饭、洗衣服。孩子在学校里的各种事情，自己所用的东西应由孩子自己整理。所有的作业，除需要父母配合才能完成外，都应由孩子独立完成，父母既不应代劳，也不必坐在孩子身边陪着，尽可能让孩子自己妥善解决各种问题。父母可以指导，但不要代替。

无论是孩子之间，还是孩子与老师之间的事情，都要鼓励孩子自己处

理,鼓励孩子与人交流,学会表达、商量、道歉和原谅。孩子在生活中遇到什么困难、意外、变故,做父母的可以提供必要的帮助,但这种帮助应有分寸,这样,才有助于孩子自理能力的提高,为孩子将来走向社会打下坚实的基础。

父母要放手让孩子去实践,给孩子积累经验的机会。要让孩子从小学会自己的事情自己做。如教孩子自己整理床铺,收拾书桌、抽屉、书架;让孩子自己洗手帕、内衣、红领巾、鞋等小件衣物;要求孩子自己准备学习用具等。当孩子开始从事这些劳动时,很可能出现这样或那样的问题,父母不要指责,应先给予肯定,然后给予耐心而具体的指导。如果孩子一次没做好,再鼓励孩子重新做一遍。当孩子感受到成功的喜悦后,孩子就逐渐地具备生活自理能力了。

父母需要注意的是对孩子的事情切忌大包大揽,力争做到该放手时就放手。

养成勤俭节约的好习惯

有一个人从一无所有变成一个全城最富有的人,许多人就去找他询问致富的方法,富翁说:"假如你有一个篮子,每天早晨在篮子里放进 10 个鸡蛋,每天晚上再从篮子里拿出 9 个鸡蛋,最后将会出现什么情况呢?""总有一天,篮子会满起来,"有人回答,"因为每天放进篮子里的鸡蛋比拿出来的多一个。"富翁笑着说:"致富的原则就是在你放进钱包里的 10 个硬币中,最多只能用掉 9 个。"这个故事要说的是:除非养成勤俭节约的习惯,否则你永远不会积累财富。

事实上,勤俭节约不仅是积累财富的必然手段,也是一种非常优秀的品质和美德。

对于父母来说,帮孩子克服铺张浪费的不良行为,养成勤俭节约的好

习惯，是刻不容缓的事情。随着社会发展速度越来越快，人民生活水平的提高也越来越快，许多家庭生活条件优越，孩子生长在这种环境中，没经受过苦难，不知道父辈的艰难，不懂得珍惜劳动成果。不少孩子养成了挥金如土、花钱如流水的恶习。许多孩子在学校时，互相之间谈的不是学习，不是品德，而是经常谈论谁家阔气、有汽车、有大房子等。某个同学刚穿出一件新衣服，没几天不少同学也更换上了这种新装。而且穿要进口，戴要名牌，"耐克""阿迪达斯"已成为许多中小学生的行头。儿童电子宠物，开始只有少数孩子玩，现在许多孩子都有。孩子们认为，不管花多少钱，别人有的我也要买，我不能比别人差。很多孩子每天都有很多零花钱，口香糖、瓜子、话梅等小吃，总是随身携带。不合口的，虽是刚买的，也会毫不吝惜地扔掉，浪费资源的现象更是比比皆是。

造成上述现象的主要原因是父母过于宠惯孩子，在吃、穿、用等方面，对孩子缺少节制，孩子想怎么样就怎么样，只要是孩子提出的要求，父母有条件要满足，没有条件也要创造条件来满足。孩子参加外出活动，有的父母除给带一大包好吃的外，还再给三五十元甚至上百元钱。大家比着吃、比着买，好不大方。看到这些，不能不令人担忧。如果孩子总这么被娇宠下去，将来立身处世的能力从何而来？如果不克服掉以上这些比吃、比穿、比玩、比大方的不良习惯，一味地铺张下去，孩子离不知勤俭的败家子还有多远？

那么，父母该怎样培养孩子勤俭节约的品质呢？

最重要的就是要经常教育孩子树立"以勤俭节约为荣，以铺张浪费为耻"的思想。要教导孩子平时不要乱花钱，不要随意地胡乱买东西吃，在使用学习用品上要节约，不要因为写错了一个字就撕掉一大张纸。同时，要求孩子在生活上要节约，如爱护衣物、一水多用、人走灯灭等。父母要经常给孩子讲勤俭持家的道理，让孩子明白父母供他的衣食住行所需费用，都是通过辛苦劳动换来的。

多给孩子讲一些名人、领袖勤俭节约的故事，让孩子懂得"谁知盘中餐，粒粒皆辛苦"的道理，让孩子体会到"勤俭节约"是中华民族的传统美德，让孩子更好地发扬和传承。

平时，在家里不要娇惯孩子，对孩子吃、穿、用的要求，不能盲目答应，

合理地给予满足,不合理的,一定不能迁就。要讲清道理,让孩子懂得该给的父母尽量满足,不该给的绝对不给,不要孩子一闹大人就妥协。

生活条件越好,我们越应鼓励孩子把零花钱节省下来,用在该用的地方。衣服旧些,只要干净就要穿,不能比吃比穿。也要注意孩子的衣服不要太华丽。小学生不应烫头、染发、化妆等。

给孩子零花钱要适可而止,应该指导孩子怎样花钱。有些零食可以吃,但不一定每天都要买。胡吃乱吃,一是浪费,二是不卫生。小时不节俭,这个习惯形成后,长大后就很难改正铺张浪费、乱花钱的毛病。

第三章 勤劳

一勤天下无难事,功夫不负苦心人

第四章

心态——心态决定命运

切忌骄傲自大，不可目中无人

在现实生活中，骄傲自大、目中无人者不但不能引起别人的尊重，反而会引起他人对你背后甚至当面的讥笑。父母应该明白这个道理，也应该将这个道理传输给自己的孩子，让孩子知道：获得别人尊重的唯一要诀，就是练好"谦"字功，先懂得尊重别人。

有些父母觉得自己的孩子很优秀，逢人就夸。这样做满足了父母的虚荣心，对孩子心理的健康发展却极其不利，孩子会认为自己就是最优秀的，导致看不起别人，狂妄自大。

美国历史上最著名的总统之一富兰克林在年轻时，是一个骄傲自大、不可一世、咄咄逼人的人。造成他这种个性的最大原因，归咎于他的父亲过于纵容他，从来不对他的这种行为加以训斥。倒是他父亲的一位挚友看不过去，有一天，把他唤到面前，用很温和的言语规劝他一番。这番规劝，竟使富兰克林从此一改往日的行为，踏上了他的成功之路！

那位朋友对他说："富兰克林，你想想看，你那不肯尊重他人意见、事事都自以为是的行为，结果将使你怎样呢？人家受了你几次这种难堪后，谁也不愿意再听你那一味矜夸骄傲的言论了。你的朋友们将一一远避于你，免得受了一肚子冤枉气，这样你从此将不能再从别人那里获得半点学识。何况你现在所知道的事情，老实说，还只是有限得很，根本不管用。"

富兰克林听了这一番话，大受震动，一下子明白了自己过去的错误，决心从此痛改前非，处事待人处处改用研究的态度，言行也变得谦恭和婉，时时慎防有损别人的尊严。不久，他便从一个被人鄙视、拒绝交往的自负者，一变而成为到处受人欢迎爱戴的成功人物了。他一生的事业也得力于这次

的转变。

试想,如果富兰克林当时没有接受这样一位长辈的劝勉,仍旧事事一意孤行,说起话来不分大小,不把他人放在眼里,那结果一定不堪设想,至少美国将会少了一位伟大的领袖。

生理学家巴甫洛夫说过:"绝不要陷于骄傲。因为一骄傲,你们就会在应该同意的场合固执起来;因为一骄傲,你们就会拒绝别人的忠告和友谊的帮助;因为一骄傲,你们就会丧失客观方面的准绳。"无数事实说明,巴甫洛夫说的是正确的。人一骄傲起来,那么等着他的,必然是脱离实际、脱离真理的情况,挫折和失败的厄运就将接踵而至!

在现代很多家庭中,由于生长环境的特殊性——大多是独生子女,所以这些孩子往往容易产生骄傲自大的情绪,往往目中无人,不屑于与别人交往,心胸也极为狭窄。他们可能会取得一定的成绩,但往往只满足于眼前取得的成绩,而且他们看不到别人的成绩。此外,这一类孩子还很难和同学们友好相处,因为他们不能做到平等相待,总是以高人一等的态度对待人或喜欢指挥别人。

"妈妈,我这次考试又是满分!"晓文一进家门就高兴地告诉妈妈这个好消息。

"是吗?你真棒。"妈妈称赞着。

"李特特才考了78分，真是逊极了，他没有一项可以超过我。在我的朋友中，我是最棒的。"晓文抬着下巴说。

"晓文，你不可以这么说你的朋友。"妈妈不高兴地说。

"可是，这是事实啊，他就是不如我。"晓文并不认为自己有什么不对。

爸爸听到母女俩的谈话，连忙打断，"晓文，来，到爸爸这儿来，爸爸给你讲故事听。"

"好的，我去放下书包。"晓文蹦跳着去放书包。

妈妈皱着眉头看向爸爸。

"别担心，亲爱的，我会让她把这种情绪改掉的。"爸爸朝妈妈眨眨眼。

晓文从房间出来，坐在沙发上听爸爸讲故事：

一望无垠的草原上，有棵高大的橡树，许多动物都喜欢到树下遮阳、避雨。

"还好有这棵树，要不然我们就热坏了。"

"是嘛！它是这片草原上唯一的风景。"

它们总是这样称赞。日子久了，接受的赞美多了，橡树竟然也渐渐觉得自己的确了不起。

它开始看不起身边的小草们了。

有一天，草原上刮起了暴风雨，声势之大前所未见。小草们一棵棵全随风势弯下身子，只有橡树依然高傲地迎风直立。

"快弯腰啊！风太大了，和它硬挺是会吃亏的。"

"我就是这样的个性，"橡树不只没有屈服，为了显现它的威武，反而挺得更直。"不论遇到多大的阻碍，我永不低头。来吧！尽管来吧！"

说实在的，它的树干那样粗壮，想弯腰恐怕都不可能。

它舞动着枝丫向狂风挑战，霎时间，一阵风席卷而来，不客气地将它连根拔起。

"啊！"它惨叫一声，砰然倒地。

风雨过后，小草们又挺立起来，每一棵都像原来那么完好，而橡树已奄奄一息地横卧在草丛里了。

"大树死了吗？"晓文问。

"是啊,它认为自己是最强的,认为谁都不如自己。最后,它还不如一棵小草。晓文,你一定不会想做那棵大树,对不对?"爸爸问晓文。

"是的,我想,我是不愿意做那棵大树。"晓文说,"爸爸,我想我应该去给妈妈道歉,刚刚她是对的,我不应该那样说李特特。"

"妈妈不怪你。"妈妈的声音从晓文的身后传来。

"妈妈!"晓文转身投进妈妈的怀抱。

"谦虚使人进步,骄傲使人落后",父母应该让孩子明白这样一个道理:妄自尊大,目中无人,会让与你接触的人头痛不已,很难给别人一个好印象,从此你所能交得的新朋友,将远没有你所失去的老朋友那样多,直到众叛亲离的绝境。试想到了那时,你做人还有什么趣味?你行事还有什么伟大的成就?你的名誉还能靠谁来传扬呢?

作为父母,应该耐心地教导孩子,让孩子学会正确地评价自己。既要认识到自己的优点,又要看到自己的不足。此外,父母还需要规范孩子的行为,督促他们改正骄傲自大的坏毛病。告诉孩子,在交友中应该怎样做和不应该怎样做,并加以训练和指导,使其养成良好的行为习惯,多发现其他人的优点、长处,虚心向其他人学习。这样,他才会受到大家的欢迎。

父母要通过给孩子讲一些具体的事例,来让孩子知道"人外有人,天外有天"的道理,让孩子知道世界上总是会有比自己更优秀的人存在,切不可因为取得一点点成绩就沾沾自喜,盲目自傲。告诉孩子人各有长短,即使是最卑微、最弱小的人,也有其他人所不及的地方,同样,再强大的人也都有他自己的弱点。不可用自己的长处去与他人的短处比较。

父母还应该减少孩子的物质优越感。过于优越的环境会让孩子产生一种高高在上的心理感觉,从而会看不起一些条件普通的同伴。尽量不要给孩子过多的物质奖励,要防止孩子获得过多的物质奖励而产生畸形的满足感,从而削弱进取意识。父母要让孩子明白,好条件是父母、长辈和社会一起创造的,他其实和其他同学一样,没有什么特别的地方。

第四章 心态

心态决定命运

化解冲突，消除叛逆心态

叛逆心态是青春期的孩子一般都有的心态，只是程度不同而已。父母应该明白，如果对待青春期的孩子，还像是对待小孩那样，自然会产生矛盾、对立与冲突。

维维自从上了初中以后，开始与妈妈唱反调，她妈说东，她偏说西；她妈说这样，她偏说那样。一天，她做作业时，手总玩笔，妈妈就对她讲：你这样玩笔耽误时间，分散注意力。不说她还好些，她妈妈越说她，她玩得越来劲。有时，她在做作业时，一见妈妈进屋，就马上玩起笔来，把她妈妈气得没办法。

维维表现出来的叛逆行为让她妈妈很苦恼，也很失望，觉得原本很听话的孩子不知是什么原因竟变成现在这个样子。其实维维存在的问题主要是她存有叛逆心态，这也是许多进入青春期的孩子存在的较普遍的问题。

青春期的孩子是由小孩走向成人，是由对父母的生活依赖逐渐走向独立的时期。孩子进入青春期后，自我意识和独立能力得到了进一步的增强，从孩子主观意愿上来说，一般都想自己管理自己，自己来处理自己的事情。父母一旦在有关孩子的事情上说长道短，指手画脚，孩子就会产生厌烦和抵触情绪，于是就显得越来越没有小时候听话了。

事实上对于孩子的叛逆心态，父母不必太过于着急和苦恼。如果父母对待青春期的孩子还像对待小孩那样，自然会产生一些矛盾与冲突。因此，父母要改变一下对青春期孩子的教育方式，不要按照旧有的命令式的教育方式，而应采取商量的态度来处理问题，做到既不放任自流，又要细心诱导。这样，孩子才容易接受和采纳父母的意见和善意的批评，消除叛逆心态。

在成长中培养好品质

为了避免因逆反心理而与孩子产生冲突,父母应该做到以下几点:

一、尊重孩子

对待青春期的孩子,特别要注意让孩子有与父母同等的发言权,同等的表述自己的看法的机会,不能父母说了算,不许孩子说,不许孩子表述自己的看法。否则,孩子的叛逆心态就会加重,可能会与父母对着干。

二、了解孩子

青春期的孩子生活的范围不断地拓宽,他有他生活的伙伴,有他生活的范围。父母在充分了解孩子情况的基础上发现孩子有做得不当的地方要采取商量的态度,要尽量通情达理,这样孩子才有可能接受父母的意见。父母要避免在情况不明的时候做出武断的决定,加重孩子的叛逆心态。

三、树立孩子的自信心

父母对于青春期孩子处理问题中的积极方面要给予充分的肯定,在这个基础上来与孩子讨论怎么进一步完善处理事情的方式,孩子是容易接受的。如果见孩子有些地方做得不妥,上来就是劈头盖脸的一通批评,完全否定孩子的做法,不但容易激起孩子的对立情绪,产生逆反心理,还容易使孩子失去自信,导致自卑。

父母要把自己的观念和想法化为孩子自己的、内在的要求,化为孩子自己的观念与想法。当与孩子在某一问题上出现争执时,要学会倾听孩子的意见,并向他提出忠告,用恰当的方法解决矛盾,这样就可有效地防止叛逆心态的出现。

克服羞怯心理

羞怯心理是一种常见的心理弱点,在青少年群体中更为普遍。美国俄亥俄州立大学的一项统计结果表明,97%的学生认为,做公开演说是世界上两件最可怕的事情之一(另一件是核武器)。某杂志的"读者信箱"曾收到一封学生的来信。

信中写道:"我有一个大缺点,就是特别怕羞,一碰到上黑板做题或和陌生人说话时脸就红,我该怎么办?"

孩子羞怯的表现有多种形式,大多数羞怯的孩子都伴有以下现象:学习成绩差,不与人交往,不愿与同龄小孩玩耍,逃避课堂讨论,不主动发言,不愿在公开场合抛头露面,做什么事都要父母陪着,不能单独外出,怕见生人,在生人面前不知如何应付,说话低着头,声音小,爱脸红,说话办事都在别人后面,甚至连笑也不敢先于别人。除此之外,有时羞怯的小孩也会恃强凌弱,表现出惊人的举动,但在内心深处却是很羞怯的。总之,过分的羞怯会影响一个孩子的学习、生活和人际关系,给孩子的成长带来极大的阻碍。作为父母,我们一定要帮助孩子克服这种不健康的交际心理。

那么,为了帮助孩子克服羞怯的心理弱点,父母具体该如何做呢?

首先,父母要搞清楚孩子羞怯的原因。

羞怯在本质上就是一种不自信,造成这种心理状况的原因有很多,最重要的有以下三点:

一、家庭原因

家庭是孩子健康成长的一个主要环境。如果这种环境不好,肯定会给孩子造成很大的心理障碍。据调查,有羞怯行为的孩子,其父母本身就存在

羞怯的情绪。在别人面前说话办事畏畏缩缩。另外，对孩子经常打骂、责备，或夫妻离异，对孩子的打击是很大的，使孩子缺乏依靠、交流和亲情的抚爱。孩子从小就觉得比别人差，形成羞怯、自卑的症结。

二、学校环境

孩子的成长，学校也是一个重要的环节。学习成绩好的孩子，经常受到老师同学的表扬，在学校表现出自信。而学习成绩差的孩子，往往受到老师的批评、责备，久而久之就形成一种害怕、羞怯的情绪，觉得自己比别人差，不敢与别人交往，用一种退缩的方式来保护自己受伤的心灵。

三、重大的生活事件

小孩若体弱多病或一次重大的心理刺激，如受人欺负，被耻笑，造成自尊心受损，都可能使其变得羞怯。

那么，父母应该如何帮助孩子克服羞怯心理呢？

一、给孩子一个温馨的家

平等、理解、温馨的家庭环境能带给孩子勇气和自信。克服孩子的羞怯，更要有这样的环境。在孩子面前不要滥用父母权威，尤其是对易羞怯的孩子。家里的事尤其是与孩子有关的事，要多征求和尊重孩子的意见。例如，带孩子去公园，要征求孩子去哪个公园，准备带些什么，使他觉得自己是这次小小旅游的组织者和主人。这样他就会以一种主人的姿态出现，树立

自信心。在家庭中，父母对孩子也要多用些民主型的语言，如："你认为怎样？""行吗？"如果孩子为你做了些什么，你要表示"谢谢！"让孩子觉得在家庭中他是一个平等的个体，这有利于克服孩子的自卑情绪。

二、父母要做一个好榜样

如果你是一个开朗的人，愿意与人交往，那毫无疑问，你能为孩子树立一个良好的榜样。如果遇见陌生的人或事对你来说都会有点难度，敞开心胸去面对别人不失为锻炼自己的好方法。即便这样，你也用不着和孩子来讨论。孩子一般都会成长得比成人更勇敢、更外向，超过我们，让我们感到骄傲。

别用你自己的成见给孩子以压力，诸如"你就是羞怯，因为我就这个样子"的说法，对孩子增进社交能力极为不利！

你和孩子一起在社交场合时，给孩子树立一个榜样，向别人做自我介绍(脸上要有微笑)。让你的孩子看看，你不害怕去见幼儿园的新人或者新邻居。你甚至可以谈一谈向新人做自我介绍是一件多么令人愉快的事，因为这能让他们感觉更舒服自在。

三、鼓励孩子交朋友

交朋结友是孩子社会化的一种表现。羞怯的孩子，担心被人瞧不起自己而不去交友。这时父母就应鼓励他，首先让亲朋好友家的较熟悉的孩子与之一起玩，克服他交往的恐惧心理，然后再鼓励他在同学中去交朋友。当孩子带朋友到家中时，父母要表现出热情，别不当回事，以增加他的勇气。

四、多给孩子以鼓励

每个孩子都希望能得到别人的肯定和表扬，胆怯的孩子更需要。他们本身就胆小，缺乏勇气，在做某件事之前，预见的是自己不行。如果这时给他一些鼓励，增加他的勇气，他会把事情办得很好。

五、不要以成人的标准苛求孩子

对于害羞、怕生的孩子,增加他面对人群的信心是很重要的。例如当他主动跟别人打招呼,或只是害羞地对新朋友微笑时,父母要适时给予鼓励。孩子只要一受到称赞,他就愿意付出更多的努力去尝试。同时,在孩子没有达到预期的表现时也不要责怪孩子,否则孩子会更退缩。

当人越来越了解自己周围的人际关系后,他就能做出越来越合适的反应,这就是人为什么能进步的原因。孩子之所以怕生,是因为他对身边的人际关系还没有什么了解,所以会排斥、会害怕都是很正常的。父母如果能站在孩子的立场多为孩子着想,就不会再以成人的标准来苛责孩子,也才能在心平气和的情况下对孩子做出适当的引导。

总而言之,我们做父母的要重视对孩子羞怯行为的矫正,为孩子顺利成长并融入社会,在他们的人生起点就打好基础。

用自尊自爱之心照亮人生

俗话说得好:人必自助然后天助之,人必自侮然后人侮之。同样的道理,人必自爱然后人爱之,人必自厌然后人厌之。一个人如果不知自尊自爱,反而自轻自贱,就不可能活得堂堂正正、朝气蓬勃;他的生命只能像一堆湿柴,只会冒烟而不会燃烧,也就谈不上什么光明的前途。

在家庭教育中,父母首先要养成孩子自尊自爱的好习惯。要让孩子知道,只有懂得自尊自爱的人,在生活中才能自信自强,用自己的肩膀承担起自己的命运而不仰承别人的鼻息;他的生命潜能也将因此而得到大力开发,最大限度地发出光和热,照亮自己并温暖别人。

辉的父亲生就一副菩萨心肠，一向温文尔雅，但6月的一天，辉却目睹了父亲对一个陌生青年的严厉训斥。

那是个星期天，辉陪着父亲正在大街上散步，迎面撞上一个蹲在地上向行人乞讨的年轻人，只见他面前放着一个牌子，上面介绍他是一个大学生，来这座城市打工，但未找到工作……

父亲凑上去，问那年轻人真是大学生吗，年轻人点点头。

刚才还说说笑笑的父亲陡然变了脸色，像一头暴怒的狮子，将雷霆般的呵斥，暴风骤雨似的倾泻到年轻人头上："收回你的手，你这不知道羞耻的家伙，回去照照镜子，看看你那熊样，也配称大学生，你的书都白念了……"

平素说话柔声细语、从不带脏字的父亲，这一顿劈头盖脸的训斥，连辉都惊呆了，那个年轻人更是惊愕不已。

"快滚，别在这里丢人现眼。"父亲不容置辩地喝道。

那年轻人真的在众目睽睽下，垂着头乖乖地走开了。

望着胸膛还在剧烈起伏不已的父亲，辉还未缓过神来，父亲从兜里掏出50元钱，让辉过去交给他刚才责骂走的年轻人。

辉不解地望望父亲，父亲长叹一口气，命令辉赶紧送去。

当辉追上那个年轻人，请他原谅父亲的冲动时，那个年轻人满脸羞愧地向辉真诚地感激道："谢谢你父亲，我将一生铭记他的教诲，请你转告他，我知道接下来该怎么做了。"

年轻人转身走了，辉还握着那张钞票久久地愣在那里，脑子里一下子塞满了父亲常说的那四个字——自尊自爱。

可见，凭借自尊自爱，一个人才能珍惜自己的生命和人格，才能意识到人生的价值并鼓起生活的勇气，才能维护自己的正当权利，并担当起做人的责任。

自尊自爱，是人生弥足宝贵的资源，没有比无视甚至破坏这个资源更为愚蠢可悲的事情了，没有比珍惜和充分利用这个资源更为明智的举动了。

要培养孩子优秀的品格，父母就不能忘了教会孩子自尊自爱的道理。父母要告诉自己的孩子，自尊自爱是你的立身之本，当你的灵魂在迷茫中徘徊，信心在挫折中慢慢丧失时，始终要记住这四个字，才不会使你自己连人格也一同堕落在迷茫的街头。试想连自己都瞧不起自己的人，又有谁会瞧得起你呢？

第五章

<u>胸怀——海纳百川, 有容乃大</u>

学会宽恕，得饶人处且饶人

中国传统文化经过几千年的积累，拥有着很多值得学习和运用的精华。"以责人之心责己，以恕己之心恕人。"就是其中之一。在人际关系方面，这句话可以这么理解：因为人际交往是建立在信任的基础之上的，所以，要以诚挚、宽容的胸襟，尽量原谅别人的过错，由此，你可能会得到终身的信任和感激；反之，将别人的过错记恨在心，只会陷入关系紧张、破裂的恶性循环，最后还可能要付出更大的代价。

在日常的生活与学习中，父母应该帮助孩子学会宽恕，告诉孩子得饶人处且饶人，不要斤斤计较，当然，这并不是说让你的孩子凡事都要忍，都要吃亏，而是说在坚持一定原则的前提下，常以一颗宽容的心去处理生活中的矛盾。这样，孩子才能与父母、同学以及老师等在相互体谅的过程中携手共进。

来看看一位小学生的经历：

作为班上的生活委员，换饭票这个任务，就落在我肩上了。由于是第一次换饭票，对此还没有经验，我把饭票发错了。20元一份的饭票当成10元一份发给了同学。饭票发完了，可还有几个同学没领到饭票。当时把我急坏

了,老师给的总数肯定不会错,一定是我多发了饭票。我着急地到宿舍去问,有没有发错了,同学们听了都立刻数饭票,把多了的还给了我。有不知道的过后都陆续送了回来。

我非常感动,发错了饭票,这本来是我的过错,可同学们并没有因此嫌麻烦,发现自己的饭票给多了,他们立刻还给了我。几个没领到饭票的同学,那天中午吃的是方便面,当我把饭票给他们,并向他们道歉时,他们还说,辛苦了。当时我听了,真想哭,由于自己的失误,给同学们添了这么多的麻烦。但同学们的真诚、谅解的精神感染了我,它激励我更加努力地工作,多为同学们服务,不辜负同学们对我的支持。

我们的集体是团结的、温暖的,但在实际学习、生活中也不免发生误会。这就要求你遇事时要多从自己身上找不足,这样关系才有可能融洽。记得那天正值扫除,一个同学负责拖地,他懒懒散散,我很生气,心想,别的同学都很认真地干活,只有你那么心不在焉,太不认真了。我走上去,说了他几句:"别人都干得很好,你为什么不好好做呢?"他看了看我,没有说话,但显然生气了。做完扫除后,我看着他正在收拾书包,心里很矛盾,很想上去对他说声对不起。因为以前就听同学说过,他是独生子,在家很少做家务活,这次,也许他很认真地去做了,但因为做不惯,没有扫好。这么想着,我觉得自己刚才说的话重了一些。于是我鼓起了勇气,走了过去,不好意思地对他说:"对不起,刚才我的话说重了,你不要生我的气呀!"他听后,笑了,一看到他笑,我放心了,说明他不生我的气了。他反问我:"你同每个同学闹别扭,都道歉吗?"我说:"不,但只要我做错了,我就会这样做的。"从那以后,我们之间好像从没发生过什么不愉快的事似的。

通过这个事例不难看出,对于孩子来说,只要能真诚地,带着谅解、宽恕之心去对待每一个人,那么,就会赢得每一个人的心。而对于父母来说,如果你的孩子能学会宽容而又善于宽容,那他的生活将会更加愉快,他的学习将会更加顺利,他的人际关系也会更加良好。

那么,父母该怎样教孩子学会宽恕呢?下面几点建议值得采纳:

一、告诉孩子，事实"未必如此"

别人的做法也许未必是错误的，或者，也许你还没有理解别人的真实用意。每个人对别人的判断都会受到自己主观因素的影响，不一定完全公正。武断地得出结论很容易引起误会甚至冲突，所以，在做出决定前，一定要弄清楚所有事实。

二、告诉孩子，"人难免会……"

人非圣贤，孰能无过。自己应当设法宽恕对方的过错，这样才能将谈话或工作推进下去，也可以让你赢得更多的朋友。

三、告诉孩子，"不要为此动怒"

如果你为此苦恼甚至动怒，那就问问自己，值得为了别人的过失而付出自己不快乐的代价吗？此外，还要通过培养自律、自控的能力，避免自己陷入失控的泥潭。

自律自控，自我约束

缺少自律的人，很容易受到各种各样主客观因素的干扰，很难在某一方面做出杰出的成绩，很难实现自己的目标。父母要想孩子将来有所作为，有所成就，就必须从小培养孩子自我约束的能力，让孩子知道，要有所为，也要有所不为。

孩子的自我约束力很大程度上是通过教育而获得发展的。人在刚出生的时候是完全没有自我控制和自我调节能力的，这时，儿童几乎完全受冲

动和欲望的影响，很难长时间做一件事情，不能控制自己的欲望和情感，3～4岁后，才逐渐发展起自律的能力。所以在孩子2岁左右就应该对其进行自控能力的培养。

曾经有一个叫季阳的小孩，小时候是有名的淘气鬼，他后来变得有极强的自制力，这全要归功于他的母亲：

上幼儿园时，一次有一个小伙伴手里拿着几块巧克力，在小季阳眼前吃着。他直盯着这位小朋友，待这位小朋友还有两块时，他突然把这位小朋友手里的两块巧克力夺过来，塞进自己的嘴里，但那个小朋友也不示弱，于是两个小孩扭在一起，打起来了。

妈妈知道这件事后，问儿子为什么要抢那个小朋友的巧克力，儿子回答说："我当时就是很想吃。"妈妈说："人家小朋友有的吃这个，有的吃那个，你都想吃吗？""都想吃。"儿子说。"你能不能忍住这种想吃的冲动呢？"妈妈说。儿子说："我也那样试过，但他们吃我就想吃，你说我怎么办呢？"妈妈教育他："比如在其他孩子吃东西的时候，你尽量不要去看他们吃，或者到一边去玩，这样就不会想吃了。"儿子也知道自己抢人家的东西不对，只好点点头说："我试试吧！""你以后再也不能有那样的行为出现，否则就没有小朋友陪你玩，妈妈也会不理你的。"小季阳的妈妈这样说道。

从那次后，妈妈便开始处处有意识地培养小季阳的自制力。她买来些糖果，交给小季阳，告诉他每天带一块到幼儿园去，看见别的孩子吃东西，自己想吃的时候就吃，要是不想吃就要带回来。一开始，儿子总说带一块不够，和妈妈讨价还价，妈妈坚决不同意，过了一段时间后，儿子带去的糖果有时还能带回来了。

小季阳大一点后，开始学画画了。他常常一回家就在墙上、门上、桌上画起来。妈妈对他说："你的画画得很好，但如果是画在纸上就更好了。你画在门上、桌上，弄脏了它们是很难清洗的。"妈妈和他这样说了两次后，儿子仍然没有改，还是到处乱画。妈妈拿来毛巾和水，叫儿子自己去清理，儿子随便地抹了一下，但妈妈要求他要把画的痕迹全部清理掉。尽管儿子很不情愿地做这件事，但为了使他改掉到处乱画的习惯，就是要让他体会清理

时的辛苦。这样做了一两次后，儿子终于不再乱画了。

小季阳上小学后，每天早晨要妈妈喊才起床，妈妈也经常对他说要按时起床，要不然上学就要迟到。但他总是说醒不了。妈妈为了让儿子睡觉有一定的时间约束，买来一个小闹钟，并告诉他说："从明天早上起，妈妈再也不喊你起床了，小闹钟一闹响时你就应该起床。否则要是上学迟到了，老师会处罚你的。"自从买来小闹钟后，妈妈也真的不再去喊儿子起床，而儿子也天天能按时起床了。

小季阳到小学三年级的时候，最喜欢玩游戏机，看电视。放学回来后把书包一扔就坐在游戏机或电视机前，这时妈妈总是提醒他应该先做功课然后再看电视。讲了几次后，儿子还总是拖拖拉拉的，也从来没有主动先做作业然后再玩。妈妈心想，不能总是这样去提醒他，要让孩子自觉地先做作业，养成一种好习惯。于是有一天，妈妈对儿子说："从今天起，妈妈在晚饭前要检查你的作业。你什么时候做完，我们就什么时候吃晚饭。"这一招还真灵，以后儿子放学回来后第一件事就是先做完作业。儿子有了这一习惯后，妈妈经常告诉他些学习方法，课前要预习，课后要复习等。儿子也按妈妈教的方法去做了，不仅取得了好的成绩，而且学习劲头越来越大了。同时小季阳的自律意识和自控能力也随之不断增强。

对孩子自律自控能力的培养是渗透到生活中的每一件小事当中的，这种培养和要求，有助于训练孩子克服懒惰的习惯。

自律自控能力往往表现在能够控制自己，支配自己，并自觉地调节自己的行为等方面，它既善于促使自己去完成应当完成的任务，又善于抑制自己不良的行为。

由此可见，培养孩子的自律自控能力是非常重要的，而且对孩子的成长是非常有利的。

要想孩子有一个好的前程，首先要让孩子成为一个自律能力很强的人。这就要求父母在孩子的成长过程中，注重孩子自律能力的培养。如何培养孩子的自律能力，专家们给了如下几点建议：

一、要注意从小培养并及时督促

从孩子能理解大人的话时开始，就应帮助孩子逐步学会正确评价和判别自己行为的适宜度。即让孩子知道，什么是应该做的，什么是不应该做的。一般来说，孩子较小时，自制力的培养主要是生活习惯的问题，如按时睡觉，按时起床，按时吃饭，按时上学，按时做练习等。开始时可能会有些困难，但时间长了，孩子就会在父母的督促下，学会控制自己，约束自己，并养成习惯。

二、父母可以适当地制定一些行为规则

如为孩子制定一些卫生、劳动、学习等行为规则，并利用规则来约束孩子的行为，这么做会收到非常不错的效果。必须注意的是这种行为规则不能过度或过于详细，否则会损害孩子的独立性。

三、父母要有意识地和孩子多谈游戏规则、交通规则等

最初，父母可从孩子日常生活中不可避免的各种准则出发，告诉孩子要遵纪守法。孩子大些后，要给孩子讲人生，讲社会，讲国家大事，让孩子有爱国心，学会道德规则，懂得法律法规。比方说不能随地吐痰，不要私拆他人信件，不闯红灯等。

四、让孩子掌握控制自己行为的技能

父母让孩子明白了自律的道理，可是孩子有时还是控制不住自己，这种现象是因为缺少实施技术。比如，孩子总是控制不住自己的情绪，易冲动，这时可让孩子试着深呼吸，或默默地数数，也许孩子就能够克制自我了。

五、不要总在第一时间满足孩子的愿望，不要让孩子的欲望膨胀

比如孩子在商店看见一个玩具娃娃，提出要父亲买，父母不能当场就答应，不妨也向孩子提出要求，如果孩子每天按时起床，过生日的时候就送给他。类似的做法不仅使孩子懂得有付出才能有收获，还能让孩子学会节制。

六、启发孩子的自觉性

孩子自制力的发展是和孩子的自觉性、坚持性相联系的，父母要启发孩子的自觉性，让孩子养成自觉的良好行为习惯，并让孩子坚持做体育锻炼，独立完成作业，克服学习中的困难，形成比较稳定的意志品质。

七、培养孩子的自制力需要父母耐心引导

当孩子出现缺乏自制力的行为时，父母要冷静，要耐心说服，同时父母也要反省一下自己的教育方法是否适当，是否采取了令孩子心悦诚服的态度和方法等，只要父母平等地对待孩子，采取生动活泼、寓意深刻的方式，耐心说服孩子，孩子是会慢慢地改变那些不良习惯的，并逐渐成为一个具有较强自制力的人。

学会选择，懂得放弃

狮子在捕食时，发现猎物后，会不声不响地追上去。有些小的猎物，如野兔、羚羊等，深知自己不论是从体力，还是从奔跑速度来说都不是狮子的对手，它们一边跑，一边搜寻小的洞穴或荆棘丛，如被狮子发现后，这些可

怜的小猎物会逃到里面去躲过灭顶之灾。当狮子追到后,首先用血盆大口量一下洞口,如果确定进去没有危险时,它会义无反顾地钻进洞去,捕获猎物。如果确实不能进去,狮子会在洞口边绕上几圈后,毫不留恋地走开,它们似乎也懂得等待下去只会是徒劳无功的。

动物尚能如此,人为什么不可以呢?在面对生活现实时,能争取的一定要去争取,确实不可能争取的就要果断放弃。

许优,是个即将毕业的中学生,学习非常紧张。因为他的成绩在班上只是中等,所以父亲希望自己的儿子能考进商学院,以后以经商作为出路,不能成为科学家为祖国的科技发展做出贡献,那就争取多给国家纳税。儿子也知道父亲的心思,所以非常为难,因为他自己想去学美术。在同学们都在紧张地准备应试的时候,许优还没有拿定主意。

许优心想:如果按父亲的意愿去考大学吧,可能无法实现,如果放弃考大学吧,不知道父亲有何感想?

时间不等人了。有一天,许优放学后和父亲提起了这件事,父亲认真听取儿子的情况后,觉得儿子说得有道理,语重心长地对儿子说:"你这样的想法是对的,未来是属于你自己的,不能以我的意志而左右。那么就按你自己的想法去做吧!但是如果你今天放弃了考大学,那么你就一定要争取在美术方面取得好成绩。"许优非常感谢父亲的支持,表示一定不让他为自己的选择后悔。

第二天,许优就开始着手复习,准备考美术学校了。在专业考试中许优以优异的成绩被美术学校录取了。由于许优美术基本功扎实,又加上自己

对美术非常感兴趣，上美术学校后，他如鱼得水，加上不断地努力，所以成绩一直居于榜首。毕业后，他自己开了一家设计公司，这位满脑子创意的人的生意越做越大。他的父亲和朋友谈心时说："当初儿子做出的选择是完全正确的。"

这就是学会选择、懂得放弃的智慧。如果当初许优不遵从内心的意愿，盲目地和其他人一样去努力应试，恐怕就要面对失败的结果。可见，让孩子正确地选择放弃，比盲目地、无望地让孩子选择争取的效果更好。前者有可能使孩子成才，后者有可能断送孩子的前程。

在我们的周围，有许多父母希望自己的孩子成为全才，除让孩子学好文化课外，还要逼着孩子去学习绘画、音乐等兴趣班。这些父母根本不顾孩子的感受，也不会用有效而又正确的方法去引导孩子，这种做法不仅会令孩子反感，还有可能将孩子本身就具有的兴趣爱好抹杀掉。有些父母完全是根据自己的喜好去培养孩子，所谓兴趣班，其实就是父母的兴趣班，而孩子根本就没有兴趣去学那些东西，更有些父母看见别人的孩子学这学那，就盲目地要求自己的孩子也去学，那些被父母逼迫坐到钢琴前的孩子，根本不是在接受教育，而是在忍受折磨。从小在痛苦之中学习，他们又怎样能够去热爱学习而且学得好呢？

父母一心希望自己的孩子门门学科成绩优秀，最终考上名牌大学，可是，这条路不是每个孩子都走得通的。

有一个来自农村的孩子，从小就酷爱音乐，吹拉弹唱无所不精，一直是学校重点培养的音乐人才。但他的父母却认为孩子学艺难成大器，非逼着他学好数、理、化，考取好大学。最终是孩子大学没考上，音乐方面的才能也埋没了。

孩子原本在自己的强项上可以成为优秀的人才，却因父母的误导，让孩子放弃自己的强项，放弃自己的爱好，按照父母的意思去做，用自己的短处与他人长处较量，在这种力量悬殊的较量中，孩子付出了百分之百的努力，但终因无法追赶上他人的步伐而越来越没有信心。

孩子在早期教育中，学到了大量的知识，也有许多有意义的爱好。这些

都是他们主动要求学的,并且每做一件事,都充满着强烈的兴趣,他们在学习中找到了乐趣,在爱好当中享受童年。作为父母,不能要求孩子把所有的知识都学得登峰造极,因为这是不可能的。所以父母只能根据孩子的爱好和特长,让孩子学会争取与放弃。

一、因材施教

不要让孩子去做他根本做不到的事,否则这样只会伤害孩子的自尊心与自信心。

二、尊重孩子的选择

有些孩子是最清楚自己的,当他要做出什么选择时,父母只需在一旁引导,提出一些合理的建议。不能替孩子做主,要尊重孩子的选择。

三、父母做好引路人

父母要察觉到孩子的兴趣爱好,对孩子的强项弱项做到心里有数。当孩子需要为自己的前途做出选择时,为孩子分析他自身的各种优劣势,鼓励孩子学会放弃和争取,这样孩子更容易成才。

控制忌妒心理

弗朗西斯·培根说过:"犹如毁掉麦子一样,忌妒这恶魔总是在暗地里,悄悄地毁掉人间美好的东西!"

何谓忌妒呢? 心理学家认为,忌妒是由于别人胜过自己而引起情绪的负性体验,是心胸狭窄的共同心理。黑格尔说:"忌妒乃平庸的情调对于卓

越才能的反感。"

一些人之所以忌妒别人，一个重要的原因是自己不求上进，又怕别人超过自己，似乎别人成功了就意味着自己失败，最好大家都成矮子才显出自己高大。于是，"事修而谤兴，德高而毁来""怠者不能修，而忌者畏人修""我不学好，你也别学好，我当穷光蛋，你也得喝凉水"等奇谈怪论都来了。这是一种十分有害的腐蚀剂，这些人的骨子里充满了"怠"与"忌"，无论对己、对社会、对国家的发展都是十分有害的。

忌妒心理是人类的一种普遍存在的心理状态，即使是孩子也不例外，我们常看到两三岁的孩子看到妈妈抱起别人家的孩子，他就会很快地跑过去，叩叩他的头，或抓他的脚，想把那个孩子支开，并且会立即要求妈妈抱自己。

孩子有一些忌妒心理虽然可以理解，但这并不意味着父母可以采取听之任之、放任不管的态度。因为孩子的忌妒心理一旦严重化，就会演变为其人格的一部分。另一方面，孩子如果忌妒心过强，也容易受外界的刺激，而产生诸多不良情绪，不仅影响学习进步，而且对身心的健康成长极为不利。

卢刚事件，现在的大多数父母或许已经淡忘，但这起事件的惨痛教训却值得我们深思。

中国大学生卢刚在国内就读时，学习成绩一直名列前茅。他于 1986 年赴美留学，据说他的博士资格考试成绩创下了爱荷华大学的纪录。就是这样一位优秀的学生，他的行为却让人备感震惊。

那是 1991 年 11 月 1 日下午，美国爱荷华大学的物理大楼三层的一间教室内，几个教授和研究生正在进行有关天体物理的讨论。3 点 30 分左右，一直参加讨论的中国留学生卢刚突然从口袋里掏出一把手枪，首先对准自己的导师葛尔兹开了一枪，葛尔兹教授应声倒下。接着卢刚又不慌不忙地对准旁边的史密斯教授开了一枪，史密斯教授也倒在血泊里。卢刚把枪口对准了自己的同学山林华，只听到砰的一声枪响。当教室里的其他同学被吓得目瞪口呆、惊慌失措的时候，卢刚匆匆离开了教室，跑到系办公室，一枪击毙了系主任。然后又走进行政大楼，向副校长开了一枪。最后的一声枪响，他是对准自己的。

卢刚的这次行动，显然是精心策划的。然而他作案的动机，竟简单得让人难以置信。他认为葛尔兹教授在毕业论文答辩时有意刁难他，致使他没有取得博士学位；另一个原因是，晚来一年的同学山林华不仅受到葛尔兹教授的青睐，而且还比他早拿到博士学位。最让他忌妒并难以容忍的是，山林华还得到了他渴望得到的东西——优秀论文荣誉奖的提名。

由此可见，忌妒心理的确是一种破坏性极强的病态心理，如果不加以控制，就会对生活、人生、工作、事业等产生消极的影响。

所以说，父母在发现孩子有忌妒心理时，千万不可忽视，必须有意识地适时适当地指导孩子加以克服。具体可从以下几方面努力：

（1）培养孩子分析思考问题的能力，使孩子的理智得到较好的发展。如果父母设法使自己的孩子养成分析问题、研究问题的习惯，孩子的情感就会不断丰富，心理就会日趋成熟。

（2）教给孩子客观地看待和分析问题的方法，使孩子能够正确地认识自己，正确地对待别人。

（3）教育孩子具有博大的胸怀，胸怀宽大之人绝不会轻易地去忌妒别人。

（4）要增强孩子的竞争意识，使孩子在强手面前、在困难当中、在挫败之时，仍能以坚强的意志去顽强拼搏。

乐观，没有过不去的坎

乐观是孩子对未来充满信心而又渴望不断进取的个性特征。关于乐观，法国作家阿兰在论述把快乐的智慧用于同烦恼做各种各样的斗争时说："烦恼是我们患的一种精神上的近视症，应该向远处看并保持积极乐观的心态，这样我们的脚步就会更加坚定，内心也就更加泰然。"

事实正是如此，乐观是一种性格或倾向，使人能看到事情比较有利的一面，期待最有利的结果。儿童心理学家马丁·塞利格曼认为，乐观不但是迷人的性格特征，还有更神奇的功能，它能使人对生活中的许多困难产生心理免疫力。乐观的性格是孩子应对人生中悲伤、不幸、失败、痛苦等不良事件的有力武器。乐观的孩子不易患忧郁症，他们也更容易成功，身体也比悲观的孩子更健康。

塞利格曼认为，乐观与悲观的最大区别就是对有利和不利事件原因的解释。乐观主义者认为，有利的、令人愉快的事情总是永久的、普遍的，他们能够促使好事发生，而一旦不利事件发生，他们也只视为是暂时的。悲观主义者则认为，好事总是暂时的，坏事才是永远的。在解释坏事发生的原因时，他们不是责怪自己，就是诿过别人。

心理学家史力民博士指出："乐观是成功的一大要诀。"他说，失败者通常有一个悲观的"解释事物的方式"，即遇到挫折时，总会在心里对自己说："生命就这么无奈，努力也是徒然。"由于常常运用这种悲观的方式解释事物，无意中就丧失斗志，不思进取了。而且长此以往，还会损害身体健康。

值得庆幸的是，孩子乐观的性格是可以培养的。早期诱发理论认为，人的性格是在后天的环境中逐步形成的，乐观的性格可以通过实践逐步培养，悲观的性格也可以在实践中逐步改造。

那么,父母要怎样来培养孩子乐观的性格呢?

一、要引导孩子摆脱困境

每个孩子都会碰到不称心的事情,即使天性乐观的孩子也是如此。当孩子遇到困境时,往往都会表现出来,或写在脸上,或表现在语言行动上。所以父母要多留心孩子的情绪变化,如果孩子闷闷不乐,就算父母再忙,也要挤出一点时间和孩子交谈,教育孩子学会忍耐和坚强,鼓励孩子凡事多往好的方面想,不要尽往消极的方面想。

一天,妈妈从幼儿园接小艾回家时,发现她有一点闷闷不乐。于是妈妈问道:

"小艾,今天幼儿园做了什么好玩的游戏呀?"

"今天一点都不好玩。"小艾嘟着小嘴不高兴地回答。

"为什么呀?出了什么事吗?"妈妈问道。

"今天幼儿园来了一个新同学,她很会弹钢琴,老师让她弹了好几首曲子,同学们都说好听,下课也都只围着她,还叫她弹琴给他们听。同学们都不理我了!"原来,小艾今天在幼儿园受到冷落了。

"那不是很好吗? 以后,你多了一个会弹钢琴的小朋友,你们可以互相学习啊,你不高兴吗?"妈妈引导小艾。

"可是,同学们都不理我了呀!"小艾有些着急了。

"只要你和同学们一样与那位新同学一起玩,你们不是都可以玩得很开心吗? 其他同学还是跟你一起玩的呀!是不是?"妈妈问道。

"嗯,好像是。"显然,小艾同意了妈妈的看法。很快,小艾又恢复了往常的快乐。

所以说,父母一定要注意观察孩子的情绪,只要孩子愿意与父母沟通,父母就要引导孩子把心中的烦恼说出来,这样,烦恼很快就会消失,孩子也会恢复快乐。当然,父母也可以帮助孩子克服一些困难,教给孩子以正确的态度和措施来保持乐观的情绪,这些都是促使孩子摆脱消极情绪的好方法。

二、父母要做个乐观的人

父母在教育孩子的过程中,自己首先要做个乐观的人。每个父母在工作、生活中都会不可避免地遇到各种困难,父母如何处理解决这些困难会直接影响孩子的做法。如果父母在面对困难、挫折时能保持自信、乐观的态度,并仍然积极进取、奋发向上,那么孩子就会受父母的影响,在遇到困难时,也能乐观地去面对。

平时,父母应该多向孩子灌输一些乐观主义的观念,让孩子明白,令人快乐的事情总是永久的、普遍的,一旦有不愉快的事情发生,那也只是暂时的,只要乐观地对待,一切不愉快就都会很快过去,生活仍然是美好的。

三、不要对孩子"抑制"过严

许多孩子不快乐主要是因为他们没有自由。父母由于对孩子太过溺爱,往往会抑制孩子的一些行为和举动,甚至替孩子包办一些事情,这样,由于孩子无事可做,所以也就无法体会做事的乐趣了。

美国儿童教育专家认为,要培养孩子乐观开朗的性格,就不要对孩子"抑制"过严,而是要允许孩子在不同的年龄段拥有不同的选择权。

例如,对于两三岁的孩子,应该允许他自己选择早餐吃什么,什么时候喝牛奶,今天穿什么衣服;对于四五岁的孩子,应该允许他在父母许可的范围内挑选自己喜欢的玩具,选择周末去哪里玩;对于六七岁的孩子,应该允许他在一定的时间内选择自己喜欢看的电视节目,什么时候学习等;对于

上小学的孩子,应该允许他结交朋友,带朋友来家玩等。

一般来说,只有从小就享受到"民主"的孩子,才会感受到人生的快乐。因此,聪明的父母有时不妨"懒惰"一下,让孩子自己去选择、处理自己的事情。

四、允许孩子表现悲伤

孩子在遇到困境时,往往会表现出悲伤。父母应该允许孩子将这种悲伤自在地表现出来。如果孩子在哭泣的时候,父母要求孩子停止哭泣,不能表现出软弱,孩子就会把心中的悲伤积聚起来,久而久之,反而容易造成孩子的消极心理。

嘉嘉从小就非常要好的伙伴卉卉在班上结识了一个外地转学来的同学,从此,卉卉与新同学的关系就一天比一天亲密起来,而与嘉嘉却一天天疏远了。当嘉嘉感觉到这种情况的时候,她非常伤心。她向妈妈哭诉自己遇到的情况,谁知,妈妈并不理解嘉嘉的想法,反而呵斥道:"这么一点小事值得大惊小怪吗?真是没用!"

妈妈的呵斥让嘉嘉更加伤心。从此,她变得郁郁寡欢,以后不管遇到什么事情就再也不对妈妈说了。等妈妈意识到嘉嘉的变化时,嘉嘉已经变得非常悲观了。

可见,对于孩子表现出的悲伤或软弱,父母不应呵斥,而应该让孩子尽情地发泄心中的郁闷,只要孩子发泄够了,他自然会恢复心情的平静。当然,如果孩子需要父母的帮助,父母应该及时提供帮助并给予安慰,用相同的心理去感受孩子的情绪,努力引起孩子的情感共鸣,从而缓解孩子的不良情绪。

五、引导孩子对自己的明天充满希望

乐观的孩子往往对未来充满了希望,悲观的孩子则往往觉得没有希望。因此,父母要对孩子进行希望教育。希望教育是一项细致的工程,需要父母及时地感受到孩子的沮丧和忧愁,帮助孩子驱散心中的阴影。

小禾因为自己期末考试没考好，哭着睡着了。第二天在她醒来睁开眼睛时，妈妈走过来将她房间的窗帘拉起来，让早晨的阳光透进房间，并微笑着说："多么美好的一天！"小禾也感受到妈妈的好心情，脸上出现了笑容。于是，妈妈趁机对她说："这次没考好没关系啊，只要你记得以后要更努力，相信下一次你会考得很好的！对不对？"小禾笑着坚定地点了点头。

所以，父母要能够多引导孩子看到自己的进步和成绩，鼓励孩子想象自己的美好未来，让孩子对自己的未来充满希望。只要孩子对未来充满了希望，孩子必定会以乐观的心态去面对生活中的难题。

六、父母要注意多帮助孩子丰富他们的精神生活

丰富孩子的精神生活可以使孩子把注意力转移到其他事情上来。一方面，父母要鼓励孩子广泛地阅读，可以选择阅读伟人的故事、童话、小说等文学作品，让孩子在阅读中增加知识，升华思想。

另一方面，父母要鼓励孩子多交朋友。要为孩子多创造与同龄人交往的机会，如带孩子到邻居家串门，邀请其他孩子到家里来玩，让孩子多到同学家去玩等。另外，父母可多搞一些活动，如带孩子外出游玩，也可让孩子做一些创造性的活动，如利用废物制作小作品。通过丰富孩子的精神生活，让孩子在各种活动中体会到生活的乐趣，增强对生活的信心，培养孩子乐观的性格。

另外在孩子参加各种活动时，父母可以暗示孩子主动提问、主动要求、主动学习。当孩子主动行动了，父母要用表扬、奖励等方法趁机强化孩子的自主观念。

值得注意的是，即使孩子主动去做了某件事，也不一定会成功。这时父母要鼓励孩子，告诉孩子"失败是成功之母"，失败了一次不要紧，失败了就重新再来。让孩子接触各类事物，接触的事情多了，见多识广，心胸自然就开阔起来，悲观思想便不容易产生了。

摆脱狭隘，心胸开阔

心胸开阔也就是有一种包容精神，是对人对事宽容、不狭隘、不固执、不产生不良情绪的一种心理状态。心胸开阔的人往往有远大的理想、有丰富的见识和宽大的气度，心胸开阔的人比心胸狭隘的人学习更好、生活更好、朋友更多，做事也更易成功。

但是，很多中国孩子在成长过程中，由于受多方面因素影响而形成的狭隘心理已经严重影响了他们的学习和交往，成为其身心发展的障碍。心胸狭隘之人由于气量小，在学习和交往中也极易出现矛盾和冲突。

一个读小学四年级，年仅10岁的小姑娘叫陈芳。她平时很争气，很要强，二年级就担任了班干部，三年级做了少先队大队长，平时门门功课名列前茅，活泼、开朗、能歌善舞，亲友、邻居、老师以及同学都很喜欢她。

六一，学校组织节日旅游，每个同学要交100元费用。她向父亲要钱，父亲对她说："我们厂子不景气，一个月才收入几个钱？你能不能和老师说说，能不去咱就不去。"

陈芳立即掉泪了："那多没有面子呀。"

心烦的老爸回了她一句："你说是面子重要还是命重要？100元，够咱一个星期的生活费。"

就仅仅因为这一句话，她趁父亲午睡，竟悄悄走到后阳台，从六楼纵身而下……

一朵娇艳无比的花就这么被"狭隘"摧残掉了！

狭隘心理是许多不良个性的根源，忌妒、猜疑、孤僻、神经质等不良表现都源于狭隘心理。目前，学生中普遍存在着心理素质脆弱的现象，究其根源也是心眼小——心胸狭隘。他们只听得好而听不得坏，只能接受成功而不能接受失败，稍遇挫折、坎坷和不如意，就出现过激行为，导致对自己、对他人造成伤害，给家庭、社会带来损失。

学生的狭隘心理具体表现为：

一、心胸狭隘，认识偏激。

心胸狭隘和见识少密切相连，孩子由于年龄小，阅历浅，接触社会的机会较少，头脑中积累的知识和经验少，很容易出现认识上的片面性，看问题的绝对化和极端化。偏激认识一旦产生，就容易固执己见，容不下有悖于自己观点的人和事。稍不如意就生气，导致情绪上的冲动和行为上的莽撞。有的孩子把攻击对象指向自己，出现自卑、自伤等行为；有的孩子把攻击对象指向别人，导致伤人的过激行为。孩子中的拉帮结伙、打架斗殴、离家出走等行为都有这方面的原因。

二、行为狭隘，交往面窄。

狭隘和自私好似"孪生姐妹"。狭隘的人把目光投向自己，他们唯我独尊，固执己见，时时处处都从自己的利益出发，在交往中更是极力排斥"异己"，结果落得门庭冷落。心胸狭隘之人容不下别人比自己强，忌妒超过自己的人，他们只愿和不如自己的人交往，其结果导致自负心理的增强和交

在成长中培养好品质

际圈的大大缩小,必然会带来孤独、寂寞和空虚的困扰。而孤僻、猜疑等不良心态是形成心胸狭隘的主要因素。

由于缺乏同学、朋友之间的友谊与欢乐,交往需要得不到满足,内心苦闷、压抑、沮丧,感受不到人世间的温暖,看不到生活的美好,导致消沉、颓废;由于对周围人产生厌烦、鄙视或戒备心理,容易导致无中生有、无事生非、疑心重重。长此以往,自负、忌妒、孤僻、猜疑等不良心态的消极积累,使原本狭隘的心胸更为狭隘,偏激的认识更为偏激,个性缺陷恶性膨胀,容易导致心理障碍、心理疾病的产生。

但狭隘心理并不是从娘胎里带来的,它的产生主要在于后天的原因。

首先,封闭的生存环境最容易导致人的心胸狭隘。心理是对客观现实的能动反映,人的性格、品格都是主体同环境互相影响的结果。人与环境的交流越多、越广泛,人的开放程度越大,心胸越开阔;一个人越是生活在封闭、抑郁的环境里,同环境的交流越少,思想、胸怀也就越容易狭隘。狭窄的空间范围塑造出狭窄的心胸,过少知识经验的输入导致偏激的认识——只见树木,不见森林。

目前的孩子多数是独生子女,在家中是"小皇帝""小太阳"。父母望子成龙望女成凤心切,早在学前阶段就教孩子学外语、弹钢琴、学绘画、背唐诗。

过重的压力,繁多的"学业"几乎将孩子天真烂漫、敞开胸怀接受大自然和社会影响的机会全部挤掉。在狭小单调的空间里,他们缺乏和同龄小伙伴的群体嬉戏、追逐、游玩,缺乏与兄弟姐妹一起生活学习的机会。

无论是玩具、糖果,还是父母的宠爱,他们都完全独占,因而,很难培养出"谦让""爱别人""互相帮助""与别人合作"等精神,也不懂与别人分享的乐趣。他们心目中只有自己,极易形成唯我独尊,"以自我为中心"的狭隘自私的性格。

入学之后,在父母"殷切期望"的砝码之上,又加上了老师的"谆谆教导"。双重压力使孩子的目光中只有"高分数""第一名"。为了这些,学生放弃了班务工作,放弃了课外活动,放弃了电影、电视,放弃了适当的家务劳动,放弃了同学之间的互相帮助……总之,为了登上金字塔尖可以放弃一

切。诸多的放弃使孩子的生活空间大大缩小,最后只能退缩在作业、练习、书本之中。长此以往,学生知识结构残缺,眼界狭窄,个性偏激,心胸狭隘,人情冷漠,心理处于失衡状态。失衡心态又极易造成"意识狭窄",出现狭隘的思维。

学生为追求"第一名"而表现出的孤注一掷,为取得高分数而付出的全身心的努力,又使他们极为担心失败,害怕挫折。为此,他们忌妒超过自己的人,敌视与自己展开竞争的人,一方面为维护自己心目中完美的自我形象而表现出自负;另一方面又为自己现实中的不完美而深感自卑,为掩盖自己的欠缺而自我封闭,为防止别人的进步对自己构成威胁与伤害而担忧、猜疑……虽然竭尽全力,虽然长期经受着多种矛盾、冲突的吞噬与煎熬,却也总达不到十全十美的境界。

于是,身心失衡,认识偏激,稍不如意即暴躁易怒,带有强烈的神经质特点。

其次,父母的性格特点及教养方式也是导致孩子形成狭隘心理的原因之一。家庭是社会的基本单位,父母是孩子的第一任老师。社会意识、道德观念首先通过家庭影响儿童性格的形成。父母对孩子言传身教,赏罚褒贬,对他们的世界观、信仰、思想作风、待人接物的态度都具有极大的影响。而对于缺乏选择性的孩子来说,对父母的作风兼收并蓄的结果,最终导致其沦为了父母的翻版。

一个人如果从小就生活在"拔一毛而利天下,不为也"的家庭里,接受父母所谓"逢人只说三分话,未可全抛一片心"的教育,以"各人自扫门前雪,莫管他人瓦上霜"为人生信条,那么,在这种环境里成长的人,必定是心胸狭隘的。所以,许多孩子的性格完全是父母性格的翻版也就不足为奇了。

再就是认识上的挫折经历让孩子形成狭隘心理。孩子阅历浅,经验少,生活条件优越,成长过程顺利,平时受父母保护较多,缺乏社会生活的锻炼,缺乏独立安排的机会,初次遇到问题,容易把问题想得过于简单,把解决问题的过程想得过于顺利,以一种"初生牛犊不怕虎"的姿态参与实践,免不了出现貌似"果断"的言语和行为。由于缺乏深思熟虑,做出的决定虽然快,但是不准,容易带来挫折和失败。孩子经验的缺乏,认识的偏激,情绪

的冲动又使他把一时的挫折和失败无限夸大,出现"一朝被蛇咬,十年怕井绳"的心态,变得顾虑重重,畏首畏尾。再遇问题时,则把事情想得过于困难、复杂,对自己的能力估计不足,对事情感到无能为力。而平时养成的"事事争第一,处处要赞誉"的好胜心理又使其在害怕老师的失望、同学的嘲笑和父母的斥责的同时,不得不打肿脸充胖子,其结果必然是紧张、焦虑、甚至恐惧。有一项调查结果也说明了这一点,对全国近 3000 名大中学生的调查发现,42.73%的学生"做事情容易紧张",55.92%的学生"对一些小事情过分担忧"。

这都说明了学生由于见识少、阅历浅、认识偏激,把挫折、困难扩大化,导致害怕失败的脆弱、狭隘心理。

中国孩子狭隘心理的形成有家庭教育的不良影响,有学校教育的不良刺激。但我们不能倒转历史,重新接受完美的家庭和学校教育,只能从实际出发,立足现实,把握好教育这一关键阶段,力求纠正和克服他们的狭隘心理,让他们变得心胸开阔起来,具体做法可以参考如下这几点:

一、要加强孩子的人生观教育

使孩子明白一个人活在世上,就要充分挖掘生命的潜能,为社会做贡献。给别人、给后人留下点有价值的东西,有了远虑则无近忧,把眼光放得远一些,自己一时的得失就算不上什么了。引导学生把眼光放远,心胸拓宽,事事从长远考虑,处处以集体为重,对整体、全局有利的人与事就能容忍和接受了。总之,引导孩子把眼光从狭隘的个人小圈子放出去,抛开"自我中心",就不会遇事斤斤计较,"心底无私"就能"天地宽"。

二、要提高自身素质,优化家庭教育

父母担负着抚养、教育子女的责任,在对孩子言传身教的过程中影响着子女的性格。因此,父母要给子女提供模仿的榜样,必须首先优化自己的性格,给子女以良好的熏陶和感染。家庭教育力求采用民主型教育方式,养成子女诚实、开朗、团结协作、亲切友好的优良性格。

父母最好不要在孩子面前以自己的眼光议论其他小朋友的缺点,这样容易让孩子对其他小朋友过于挑剔。相反,父母要尽可能表扬其他小朋友的优点,让孩子明白每个人都是有可取之处的,不要使自己的孩子产生一种以自己为中心的思想,这非常不利于孩子的性格培养。

父母尤其不要对某些人和事物有偏见,更不要把这些偏见在孩子面前表露出来,从而让孩子在潜意识里也受到这种偏见的影响,而对这些人和事物有偏激的看法。

当孩子的小伙伴来自己家里时,父母对其他小朋友的态度不要过分冷落,也不要过分热情,尤其要教育孩子尊重小伙伴,让孩子平等地与人交往。

三、教育孩子加强与他人之间的交往,摆正自我位置

前面已经分析,狭隘心理往往是与"个体与环境间缺乏交流"相关的。交流的缺乏,导致心胸的狭隘,而狭隘的心胸,又造成自我封闭,限制交往的开展,如此恶性循环,个性就在狭隘的坐标系统中进一步强化。

为此,校领导、老师、父母要努力创造多方面的条件,如开展郊游,组织讨论,增加学生间、学生与老师、学生与父母、学生与社会间相互交流的机会,扩大学生的交际面,加深与外界的了解与沟通,更透彻地了解别人与自己,增长见识,拓宽心胸。坦诚的态度,宽阔的胸襟,必使得各方朋友互通信息,彼此交流,取长补短,查漏补缺,共同进步。

学校也应该实施素质教育,努力丰富学生的课余文化生活。组织多种多样的文娱、体育活动,拓宽兴趣范围,在丰富多彩的活动中,在彼此广泛的交往中,使学生感受生活、学习中的新鲜刺激,感受到生活的美好,增强审美情趣,陶冶性情,净化心灵。在健康向上的氛围中,增强精神寄托,丰富心理内容,塑造良好的个性品质。

四、父母要倾注爱心,努力帮助孩子消除孤独感

现在的孩子物质生活十分丰富,但心理上却常常有孤独感。长久生活

在孤独中,对于一个孩子来说是十分痛苦的。这一不良心理不但会困扰孩子,还有可能导致孩子自我封闭。

具体分析,孩子产生孤独的原因有以下几点:

（1）现在的孩子多为独生子女,他们中有的和祖辈一起生活,平日缺少游戏的伙伴,还有的和父母一起生活,经常在父母上班后被锁在家中。长此以往,孩子心中就会萌生孤独的情绪。

（2）有些家庭不太和睦,有的父母离异,有的虽然尚未离异,却经常吵闹。孩子在家庭中得不到温暖,使他们产生强烈的孤独感。

（3）有些孩子身体有缺陷,或因智力、能力或身体素质比同龄的孩子差,经常会遭到同伴的嘲讽和排斥,长久下去,便产生了自卑感,对别人怀有敌意,不愿再和同伴玩,从而使自己陷入孤独。

具有孤独感的孩子最缺少的是朋友,鉴于易让孩子产生孤独的几种原因,父母须倾注爱心,努力帮助孩子消除孤独感,陪孩子一起走出心理孤独。平时不妨和孩子一起做做游戏,或是主动与他们交谈,耐心倾听他们的诉说,力求成为孩子眼中充满孩子气的、能善解人意的长辈或大朋友。

如果孩子是由于能力、智力或身体素质不如同龄人,遭到排斥或讽刺后形成孤独,父母则需要帮助他们重新树立自信,鼓励他们多和同伴接触,并积极参与同伴的游戏活动,借此来消除他们的自卑感。这样才能重新激发孩子的主动性,使孩子从闭锁的孤独心境中走出来。

总而言之,父母必须懂得孩子的心理,在孩子最需要关怀、照顾的时候,千万不要忽视孩子的反应,给孩子施予更多的关爱与关心,满足孩子感情和心理上的需求,尽量能做到与孩子心心相通。只有适时地搭建起心灵相通的桥梁,孩子才能够健康、快乐、幸福地成长。孩子是父母与国家的未来,每位父母都有义务让孩子在父母的正确抚养和教导下,培养起良好的心理习惯,成长为身心健康的有用人才,而不是心理孤僻、性格怪异的人。

父母应满足孩子情感和心理上的需求,陪孩子一起走出心理孤独。为了更好地保持孩子的心理健康,父母要教导孩子做到以下几点:

（1）与同学友好、坦率地交谈,不让内心积存任何消极不良的感情和情绪。暂时避开自己烦恼的情境,以恢复心理上的平静或使心理上的创伤

愈合。

（2）“忘我”地去干一件事情，转移消极的思想感情，将苦闷、烦恼、愤怒、悲哀等完全抛开。

（3）对别人要谦让，做到宽宏大量。减少烦恼、愤怒、焦急等紧张情绪，保持愉快的心情。主动去帮助别人，使自己心里充满满足感。

（4）避免出现超乎常态的行为，不要做力不从心的事。做事要善始善终，以保持充足的信心。

务实：接受自己无法改变的事

世间不如意之事十之八九，有些事情是我们所无法控制的，如果终日因为那些自己根本不可能改变的客观环境而怨天尤人，就根本没有办法也没有时间感受那些原本属于自己的快乐，更不用谈追寻自己的理想和兴趣了。

因此，父母要告诉自己的孩子这样一个道理：无论是在生活上还是在学习中，只要尽了自己的全部努力，就应该对自己表示满意，并尽量享受其中的乐趣。

对于每一个孩子来说，这种冷静、豁达和务实的态度尤为重要。

如果细心观察的话，我们不难发现，生活中有许多孩子常常为了一些无奈的、无法改变的事情生闷气，他们不喜欢父母的教育方式，不喜欢老师的教学方法，不愿意读枯燥乏味的教科书，更不愿意面对一次又一次的考试，有的人甚至因为自己不具备某一方面的能力而对自己产生怀疑，甚至有了自暴自弃的想法。

针对孩子的这种消极状况，父母颇多担忧，其实，只要让孩子换一种思路来考虑这些问题，结果就会好很多，父母可以将下面这些道理告诉

给孩子：

　　我们生存的这个世界本来就是多姿多彩的，每个人都有不一样的出身、不一样的经历、不一样的家庭、不一样的生活和成长环境，所以，完全没有必要因为自己在某些方面比别人差而讨厌自己，因为自己的身上一定还有许多别人所不具备的能力或特长，只是没有发现或没有找到合适的机会施展罢了；父母、老师以及自己所面临的学习和考试压力是一个人在成长中所必然要经历的人和事，也只有经历了，才能成为真正与众不同的、拥有完整人格和独立个性的"人"——因此，这些人和事原本就是整个人生的有机组成部分，没有任何理由讨厌它们，就像没有任何理由讨厌自己一样。

　　相反，如果你懂得接受自己，懂得珍惜身边的一切，懂得理解和尊重客观现实，就能找到真正属于自己的成功之路，同时，也可以在这条道路上体验到真正的快乐与幸福！

　　总之，就是要让孩子能够坦然地接受自己无法改变的事情，并在接受客观环境这个大前提下，努力寻找并发挥自己的兴趣和特长，以获取真正意义上的成功。

　　那么，具体地讲，父母最应该让孩子接受那些无法改变的事实呢？

一、接受父母

身体发肤,受之父母,没有父母便没有孩子。在所有"无法改变的事"中,最不能改变的是父母,最应该接受的也是父母。

二、接受环境

孩子除了接受父母以外,还应接受环境中许多不能改变的事情。比如,有些孩子期望着不必考他们认为没用的考试,不必上他们认为没用的课程,不必听他们不信任的老师讲的课。

但是,父母要让孩子清醒地认识到,想在社会中生存,就要学会接受那些不能改变的事,然后把精力花在那些你可以影响的事情上。

三、接受自己

对自己不满意算得上世间最痛苦的事情了。

但这种痛苦其实是自寻烦恼,父母应该让孩子明白这样一个道理:每个人的特点各不相同,没有哪个人可以在所有领域取得成功。

因为自己在某一方面不如别人而灰心丧气,不但会白白浪费时间,而且会让自己错过在其他方面展示才华、获取成功的机会。

当你的孩子开始为自己而生活,接受并喜欢自己,接受并接近你,接受环境中不能改变的事情时,你就会发现,孩子不但可以成为胸怀更宽广的人,也可以成为更加快乐的人。

第六章

勇气——狭路相逢，勇者胜

勇于尝试，敢于冒险

缺乏冒险精神的人永远也无法体会到追寻成功者的豪情壮志，这就像在灌木丛中跳跃觅食的鸟雀永远也无法知道"绝云气""负青天""扶摇而上九万里"的鲲鹏为什么会不畏艰险地搏击长空一样。

很多母亲说，孩子都已十六七岁了，这时候才发现，自己有太多的教养方式值得检讨改进。以给孩子穿鞋子为例，他们经常在孩子高喊"我不会"时，仗义帮忙，一副大侠替人解危的模样。虽然如今孩子并没有出现什么大的纰漏，但父母依然可以明显发现，他们的孩子似乎比其他孩子来得退缩、缺乏信心，甚至不具冒险性。

确实，长期以"我不会"换取父母帮忙的孩子，比较缺乏再尝试的勇气。从心理学的角度来看，其一是孩子想偷懒，或避开责任；其二则是父母的过度保护，让孩子有机可乘。基本上，这两种原因应该是互为因果，值得家长好好反省，否则一定会"有点后悔、有点怨叹"。

也许你会说，让孩子事事自己动手，不是有点冒险吗？但话又说回来，

比起孩子的未来前途,这点小冒险又算什么呢!更何况,很多情形只是一种挑战而非冒险,就以穿鞋为例,你便不必为他效劳,只要多给他些时间,孩子自然有能力把它做好。拼图也是如此,只要孩子愿意多花一些时间,拼图并不能难倒他,你说不是吗?

或许从高高的滑梯上溜下来,对一个三四岁的小孩子而言,有点困难,但只要你能让他从矮一点的开始尝试,他们也必然可以克服这种心理障碍。既是如此,你何不让他冒点险?

另外,在复杂多变的现代社会,未来的形势经常是不可预测的,过于小心谨慎,就会让我们止步不前,从这一点出发,为了孩子的将来,父母也有必要让孩子培养敢于冒险的能力。

那么,父母又该如何培养孩子敢于冒险的能力呢?

一、让孩子积极尝试新事物

在生活中,由无聊、重复、单调而产生的寂寞会逐渐腐蚀人的心灵。相反,消除一些单调的常规因素倒会使你避免精神崩溃。积极尝试新事物,能使一蹶不振、灰心失望的人重新恢复生活的勇气,重新把握住生活的主动权。

二、让孩子不要总是定计划

缺乏自信的人相应的缺乏安全感,凡事希望稳妥保险。然而人的一生是根本无法定出所谓清晰的计划的,其中有许多偶然的因素在发生作用。有条有理并不能给人带来幸福,生活的火花往往是在偶然的机遇和奇特的直观感觉中迸发出来的,只有欣赏并努力捕捉这些转瞬即逝的火花,生活才会变得生气勃勃,富有活力。

三、要让孩子试着去冒一些风险

冒险是人类生活的基本内容之一。没有冒险精神,体会不到冒险本身对生活的意义,就享受不到成功的乐趣,也就无法培养和提高人的自信心。

自信在本质上是成功的积累。因此，瞻前顾后、惊慌失措、避免冒险无疑会使我们的自信丧失殆尽，更不用指望幸福快乐会慷慨降临。

四、认清自我

很多人自诩有自知之明，但是，他们所"知"的不少东西其实并非真知，而只是一些谬误，是限制自己手脚的框框。这种信条是限制自我走向成功的最大障碍，也限制了他们同环境的抗争。

五、让孩子向自己挑战，而不是与别人争夺

卓有成就的人，更热心于倾注精力扩大和完善自己取得的成果，而不是一定要打败竞争者。实际上，担心对手的实力以及可能具有的特殊优势，往往使自己精神上先吃败仗。卓有成就的人则能按自己的标准，满腔热情、全力以赴地去做力所能及的艰苦努力，他们自然而然地倾向于依靠自己的努力，集中优势，在向自己挑战的同时，也增强了适应环境的能力。

坚强勇敢——钢铁是这样炼成的

读过《钢铁是怎样炼成的》这本书的人，都会把保尔·柯察金看作是坚强意志的化身。对于保尔来说，贫困、失恋、坐牢、战争、重伤、失明，一个接一个的挫折打击着他，但是所有的挫折都没有打倒这位坚强的战士，保尔以钢铁般的意志顽强地战斗着，把自己有限的生命全部贡献给了伟大的共产主义事业。

对于父母而言，谁不希望自己的孩子像保尔一样坚强。诚然，坚强是成功的核心品质。但事实上，对于大多数孩子来说，胆怯懦弱是普遍存在的。美国斯坦福大学心理学家菲利普·津巴多在 20 世纪的七八十年代对近万

人的调查中发现,大约有 40%的人认为自己胆怯、腼腆。胆怯有许多表现形式,如公共场所胆怯、社交胆怯、特定情境胆怯、特殊动物胆怯等。

孩子的胆量生来不一样。有些孩子天生不爱说话,害怕生人,不敢表现自己,我们宁可把这看成是他们的性格特点,而不要简单地看成是缺点。有些孩子小时候活泼开朗,敢于尝试,而父母在安全意识过强的影响下,老是不管孩子干什么都说"危险",久而久之,孩子就会从中总结出一条经验:最可靠的办法就是什么都不做,只有那样才是最安全的。这样做的结果,孩子自然就成了胆小怕事、没有勇气的人。

在成长过程中,每个孩子都想自己早日长大,遇事都想自己动手去试试,尽管在尝试的过程中难免出错,但还是希望父母给他们机会去尝试。他们有时很反感父母保护过度,希望父母不要事无巨细地关心他们,这样会使他们在小伙伴面前没面子,好像是个无能儿。他们认为,其他小伙伴能做,自己为什么不能做呢?

其实,在某些父母看来危险,认为不适合孩子做的事情,实际上孩子是可以胜任的。只是父母出于过分爱护,总对孩子的能力缺乏正确认识,导致孩子无法去探索新的事物,熟悉新的环境,失去了孩子锻炼自身的机会。这样,无形中不仅伤害了孩子,更对他们的人生有着不利的影响。

事实证明,父母对孩子的过分保护,会使孩子失去自信心和勇气,变成一个懦弱的人。这样的孩子有很强的依赖心理,甚至认为自己无能,没有力量。

孩子在成长中,碰伤了膝盖或皮肉很容易痊愈,但受了伤的自信心和

没有被开发出来的勇气却是永远无法弥补的。故而,父母对待孩子不应保护过度,需从小加强对孩子进行勇气的培养,把孩子培养成坚强、勇敢的人。

一、保护并教孩子维持自尊

有些孩子胆子很小,父母要采用循序渐进的方法对孩子进行勇气的培养。鼓励孩子从身边的小事开始,让孩子不要有"怕"的概念。在培养的过程中,不要说伤害孩子自尊心的话,如"人家多优秀,就你不行""你就是没用,就是个胆小鬼"等。

孩子存在能力缺陷时,父母要耐心地加以训练和培养。

如孩子本来说话表达不清,母亲可以和孩子一起每天坚持表达训练。父母应注意孩子的闪光点,对他的优点经常鼓励,使孩子从中获得尊严。当孩子面对新的环境时,父母要教给孩子适应新环境的方法,并教孩子勇敢地去面对。

父母一定要学会欣赏孩子。应该让孩子感受到爱,应该告诉孩子,对于他们的每一点成功,父母都是非常欣赏和欢喜的,如孩子懂得体贴大人,知道关心他人等,父母都要有反应,要表扬他们、鼓励他们继续。这样孩子就会觉得父母永远都在关注他,支持他,就更有信心和勇气去克服困难。

二、让孩子学会自己生活

让孩子去做一些力所能及的事,如买东西、擦桌子、端盘子等。让孩子通过这些活动逐渐认识自己的能力,也可以通过这些活动让孩子有锻炼的机会,让胆小的孩子慢慢地变成勇敢的孩子。

著名文学家朱自清说:"要让孩子在正路上闯,不能老让他们像小鸡似的在老母鸡的翅膀底下,那是一辈子没出息的。"

父母的包办代替是孩子形成软弱性格的重要原因之一。一些父母对孩子百依百顺,不让孩子做任何事情,舒适、平静、安稳的生活,剥夺了孩子自我表现的机会,衣来伸手、饭来张口的生活方式,导致了孩子独立生活

能力差。

一位中学生说:"我一直相信妈妈是非常爱我的,她希望用自己的肩膀为我挡住所有的风雨,安排好每一步路。可是,在她每天为我忙忙碌碌的时候,她不知道,我所有的勇气和自信都丢失在这份特殊的关爱里了。"

可见,要培养孩子成为强者,父母首先要鼓励孩子做力所能及的事情,让孩子学会自己生活。

能够独立生活的孩子是坚强的,在生活中,他会表现出坚强的一面,在面对挫折和困难时,他会用自己的能力去处理这些问题,不会无所适从。因此,父母要让孩子学会自己生活,让他自己去面对问题。譬如:夜间让孩子独立上厕所,自己到牛奶站取牛奶等。经过这些锻炼,以后当父母暂时离开时,稍大一些的孩子就能够自己待着而不害怕,当发生意外情况时,也能够不惊慌、不哭泣等。这些看起来是小事,但是对培养孩子坚强、勇敢的品质很有益处。

父母还应鼓励孩子多参加学校各项活动,如体育竞赛、文艺演出、演讲比赛、夏令营、冬令营等,这些活动都可以锻炼孩子的胆量和勇气。有条件的还可以经常带孩子去登山,去海边游泳,去森林探险等。

三、不要把孩子当成弱者

在公共汽车上,有人给一个 5 岁的小女孩让座。孩子的妈妈却对让座的人说:"让她站着吧,她已经到了该自己站立的年龄了!"

想让孩子坚强,千万不要把孩子当成弱者来看待。只有让孩子自己去站立,他的双腿才会坚强,他的意志才会坚强。

著名科学家居里夫人很注意培养孩子的坚强性格。在第一次世界大战期间,居里夫人把大女儿带到战争前线救护伤员,让她在艰苦的环境中锻炼。1918 年,居里夫人又要两个女儿留在正遭到德军炮击的巴黎,并告诉孩子,在轰炸的时候不要躲到地窖里去发抖。这种把孩子当成强者的态度让居里夫人的孩子们成为了坚强的人。

四、教孩子凡事再坚持一下

要看到日出，就要坚持到拂晓；要得到成功，就要坚持到最后。成功，往往不在于力量的大小，而在于能坚持多久。正如丘吉尔所说："成功的秘诀就是：坚持、坚持、再坚持！"世界上的许多成功，往往都产生于再坚持一下的努力之中。

阳阳因为上课时没认真听讲，结果老师布置的家庭作业一个也不会做。她急得直掉眼泪，想叫爸爸妈妈帮忙，可他们却说："我们相信你只要再坚持自己算算看，答案就会出来了。"父母看出题目并不难，而且阳阳自己试着演算的方法步骤也对，只要她坚持到把答案算出来，问题就可以解决了，而且她通过自己的努力弄懂的题目和方法是不会忘记的，对她自己有利。但阳阳却因为觉得她将要算出的答案是错误的，所以失去了继续做下去的勇气，认为自己是不会做好那些题的。在爸爸的鼓励下，阳阳真的算出了答案，她终于松了口气，而且明白：以后遇事一定要坚持！而且，上课也一定要坚持认真听讲才行。

五、给孩子一些劣性刺激

劣性刺激是指一些令人不舒服或不愉快的外界刺激，这些刺激对孩子来说是必要和有益的。这些刺激主要有：

（1）困难。美国一些儿童专家指出，有条件的父母应该为孩子有意识地设置一些困难，常给孩子制造一些经过努力可以克服的困难。当然，在这当中，父母需要教给孩子克服困难的勇气，也要教给孩子克服困难的办法。

（2）饥饿。饥饿是一种挑战生理极限的刺激，如今生活条件好了，很多孩子吃饭挑食，或抱怨这、抱怨那，这时候，父母可以偶尔让孩子尝一下饥饿的滋味，让孩子在饥饿的刺激下学会控制自己的偏好。

（3）吃苦。大部分孩子在面对从未做过的事或困难的时候总是显示出娇弱的一面，父母不妨有意识地锻炼孩子，比如多让孩子参加一些野营活动，让孩子在艰难的条件下吃点苦头，这样比较有利于培养孩子坚强的

性格。

（4）批评。许多孩子的心理非常脆弱，根本无法接受别人的指责和反面评价。美国阿拉斯加州的埃丽希·弗说："没有规矩不成方圆。因此，必须明确规定一些孩子不应做的事情，比如，打人、骂人、偷东西等，这些都是绝对不允许做的。如果孩子做了，就要接受批评、惩罚，有时还要严厉一些，这样对孩子的身心健康成长是有益的。"

（5）惩罚。对于孩子犯的较大的错误，父母应该给予适度的惩罚，这种惩罚可以是物质上的，也可以是精神上的。比如，让孩子面壁思过，不允许孩子买他想买的玩具等。

（6）忽视。父母总是一味以孩子为中心，无论是在哪种环境下，孩子们似乎永远是主角。那么，如果环境发生变化，孩子不能再当主角了，不被重视了，他的心理就会失去平衡，他就可能承受不了这种角色的转变。因此，父母在生活中不要把孩子作为重心，有时候可以适当忽视孩子，并且教导孩子要适时地调整自己的心态，从而帮助孩子在与人的相处交往中可以保持良好的心态。

跌倒了，爬起来

有人问一个孩子，他是怎样学会溜冰的？那孩子回答道："哦，跌倒了爬起来，爬起来再跌倒，就学会了。"使得个人成功，使得军队胜利的，实际上就是这样的一种精神。跌倒不算失败，跌倒了站不起来，才是失败。

古人说：艰难困苦，玉汝于成。的确，人只有在经历磨难之后，勇敢地爬起来，方能成大器。

一天，美国的杰出作家拉马斯·卡莱尔的《法兰西革命》一书手稿被女

仆误作为引火材料烧毁了。几年辛劳,付诸东流。一时间,卡莱尔不免捶胸顿足起来。没多久,他那了不起的心理承受力,对灭顶之灾释然一笑的乐观胸襟,使这位作家跨越了危机,突破了人生败局重新振作起来。后来,他重新一字一句地写完了这本书。此书获得了大众认可,成了经久不衰的名著。

1914年12月的一天晚上,爱迪生在新泽西州的某市一家工厂失火,将爱迪生近100万元的设备和大部分研究成果烧得干干净净。第二天,这位67岁的发明家在他的希望与理想化为灰烬之后,来到现场。大家都用同情和怜悯的眼光看着他,而他却镇定自若地对众人说:"灾难也有好处,它把我们所有的错误都烧光了,现在可以重新开始。"正是这种积极而超凡脱俗的乐观心态,使这位大发明家在事业上一步步迈向成功。

马克·吐温被评论家们称为美国最伟大的幽默作家。其实,他也是美国最深刻的哲学家之一。他从小就接触到生活的种种悲剧:两个哥哥和一个姐姐,在他年轻时相继死去;他的4个孩子,在他还活在人世的时候,一个个先他而去。他饱尝了生活的苦楚,可他坚信,如果我们以欢笑为止痛剂来减轻失败的苦痛,我们也能得到乐趣。我们可以适当地使自己处于超然的地位,来观赏我们自身痛苦的情景。

人生不可能总是一帆风顺,总有摔跤、跌倒的时候,这就是所谓的打击。不仅大人避免不了打击,孩子同样也难以避免。不管是什么样形式的"跌倒",不管跌得怎样惨痛,也不管是大人还是小孩,都一定要爬起来!因为,只要不想爬起来,就会丧失后来的机会,成为永远的失败者,是你自身的懦弱与懒惰击败了你。

人内在的精神需要在磨难之中才能真正显现出来。当孩子在人生的路上遇到挫折与失败时,正是焕发这种精神的极好时机。作为父母,用不着沮丧,用不着埋怨,只要对孩子说声:"跌倒了,爬起来!"孩子就会从苦难中奋起。

卡鲁索22岁的时候,他的音乐老师瓦金尼带他来到了斯开拉剧院,请剧院总管给他的得意门生一次演出机会。

在一番恳求之后,院长答应了他。

卡鲁索全身战栗地登上了舞台。这时,音乐蓦然响起,他迈前一步,伸出两臂,希望轻松自如地投入表演。可是在接连几个失常的动作后,卡鲁索眼前只剩下了一片旋转着的天地。瓦金尼赶紧跳上了舞台,扶住了卡鲁索。

"完全失败了,老师,我再也不干了。"

"不,孩子,跌倒了,就要爬起来。"

后来,卡鲁索果然没有辜负老师的期望,成为举世闻名的音乐家。

第六章 勇气
狭路相逢,勇者胜

其实,在坎坷的人生中跌倒一两次是最正常不过的事情,但最可怕的是在跌倒处拒绝爬起来,从此长卧不起或寄希望于别人的搀扶,而人生的路并不会从此就一帆风顺。所以,对于父母来说,必须让孩子学会走过坎坷,学会在跌倒处爬起来!

镇定自若地应对突发事件

　　面对突如其来的事件，真正优秀的人物总会镇定自若，有一种泰山崩于前而色不变的气度，不仅使问题迎刃而解，而且给自己树立了良好的形象。在日常生活中，对于那些意料之外的事情，如果能不动声色，不理不睬，便会产生比"以牙换牙"更大的震慑力量，也就是说这种镇静往往会成为最为强硬的武器。

　　大卫的叔叔是一个农庄的庄主，拥有不少的黑奴。有一天下午，大卫和叔父在磨坊里磨麦，正当他们磨得不可开交的时候，磨房的门轻轻地被打开了，一名黑奴的孩子走了进来。

　　叔父回头看了看，语气恶劣地问她："什么事？"

　　那女孩声清气朗地回答："我妈让我向您要五毛钱。"

　　"不行！你这个黑奴崽子，穷鬼，滚回去！"

　　"是。"女孩率直地应着，可是一点也没有离开的意思。

　　大卫的叔叔只专心埋头工作，根本没察觉她还站在那儿，好不容易再度抬起了头，才看到女孩还静静地站在门口，他火了，大声赶她："我叫你回去，你听不懂啊！再不走，我让你好看！"

　　女孩依旧应了声："是。"但却仍然动也不动地站在那儿。

　　这可真把大卫的叔叔恼得火冒三丈，重重放下手头的一袋麦子，顺手抓了身边一把秤杆，气愤难当地往门口走去。大卫看了叔叔那副难看的脸色，再想想整个事件的过程，料到一定会发生严重的事情了。

　　然而，那个女孩毫无惧色，不等叔叔走去，反而先迎着他踏前一步，凛然的眼神眨也不眨地仰视着凶恶的主人，斩钉截铁地说道："我妈说无论如何都要拿到五毛钱！"

大卫的叔叔一下愣住了,细细地端详女孩的脸,缓缓放下了秤杆,从口袋里掏出五毛钱给了女孩。

黑人小女孩面对凶恶的主人,不被他的气势所逼,镇定自若,不卑不亢,这种与众不同的勇气,完完全全地挫败了主人那不可抗拒的锐气,彻底制服了一个有权有势的白人,使得他在万分愤怒的情形之下,绵羊般温驯下来,这其中不难看出小女孩获胜的法宝其实就是她能够镇定自若地面对主人的怒气。

俗话说得好:初生牛犊不怕虎,孩子本应该就是天生的勇士,对于突发事件,他们不见得只会哭泣面对,只要父母能够重视孩子的勇气,教会孩子控制情绪的能力,培养孩子的"泰山崩于前而色不变"的冷静,那么,孩子就足以镇定自若地面对任何突发事件,进而迅速地找到解决的办法。

这里给父母们提一些如何培养孩子这种能力的建议:

一、平时可引导孩子做各种假设情况的练习

例如在生活当中,不经意地问问孩子"如果你一个人在家,陌生人敲门怎么办?""如果出去玩,迷了路怎么办?""假如遭到同学欺负怎么办?",等等诸如此类的问题。孩子就会有意识地形成自己的答案,日后真的遇见此

类情况，就不会手忙脚乱了。

二、要有足够的耐心

当孩子出现情绪不稳的行为时，父母一定要冷静，要耐心说服，同时父母也要反省一下自己的教育方法是否得当，是否采取了令孩子心悦诚服的态度和方法，并检查规定，是否有些规定过头了，过于束缚了孩子，等等。只要父母不粗暴地对待孩子，而采取循循善诱的方法耐心说服孩子，孩子是会改变一些不良习惯的，并会逐步成为一个具有较强自制能力的人。

第七章

自信——自信主宰人生

自信是人生最宝贵的财富

自信是人生最宝贵的财富，自信也是取得成功的基础，世界上大多数成功的人物都具有很强的自信心。假如在遇到困难时，我们不相信自己，一味地退缩躲避，那么成功就会离我们越来越遥远。

法国教育家卢梭曾经说过："自信心对于事业简直是一种奇迹，有了它，你的才干便可以取之不尽，用之不竭；一个没有自信的人，无论他有多大的才能，也不会抓住一个机会。"

美国的心理学家曾对 150 名很有成就的人的性格进行过研究，发现他们都具有三种优秀的品质：一是性格上具有坚韧性；二是善于为实现自己的目标不断进行成果的积累；三是很自信，不自卑。

我国历史上最伟大的诗人李白说过："天生我材必有用。"的确，每个人都有自己的优势所在，每个人都有尚未被挖掘出来的潜力和特质。孩子同样也不例外，只要你的孩子能用尊重自己的态度去努力发掘和发挥这些潜能，他就一定能成为一个优秀的人才。

微软亚洲研究院的主任研究员周明拥有无数重要的科研成果(其中最奇特的一项是,他在根本不懂日语的情况下发明了中日翻译软件),这些成就让他成为了计算机自然语言处理领域中最有才华的科学家之一。

但是,周明心中最珍惜的成就并不是自己在研究工作中取得的某一项发明,而是他小时候在"学工劳动"中刷的180个瓶子——正是因为在刷瓶子时打破了纪录,周明才获得了足够的自信,并由此取得了成功。

在那之前,周明一直非常自卑。因为家里很穷,父母又没地位,他在学校里见到有钱有势人家的孩子就躲开,见到不三不四的人就赶紧绕着走,可还是常常被人欺负,有时候还会无缘无故挨一顿打。

那时的周明生活在一种自卑的感觉中,似乎永远直不起腰。但是他的内心深处总有一个声音要冲破压抑:"我什么时候才能体会成功的滋味呢?"

这一天是"学工劳动日",老师带着周明和全班同学来到一家食品厂,就是现在的孩子们都知道的、生产"露露"杏仁饮料的工厂。不过,那时候厂里只做一种水果罐头,而且设备简陋,每天靠手工清洗成千上万个罐头瓶子。这些孩子来了,也是做这件事。瓶子都是回收来的,很脏,一不小心会把手划破。老师宣布开展竞赛,看谁刷得最多。

周明站在孩子中间,听到老师的号召,心里一阵激动。他还从来没有得过第一,此刻下定决心,一定要得到它。

兴奋而急切地想要表现自己的能力是小孩子通向成功的转折点。周明很快学会了所有清洗工序,他刷得非常认真,一个又一个,一整天都没有停下来,一双小手被水泡得泛起一层白皮。结果他刷了108个,是所有孩子里面最多的。

这件事虽然已经过去整整30年了,但周明还是记忆犹新。他说:"我原来一直是没有自信心的,但是这件事给了我自信。就是从那天起,我知道无论什么事只要我肯干,就一定可以干好。我发现了天才的全部秘密其实只有6个字:'不要小看自己。'那一瞬间值得我一辈子记忆。我知道我的生活不同了。这是我一生中最快乐的体验,散发着一种迷人的力量,一直持续到今天。"

所以说，自信的第一个秘密就是永远相信自己有足够的潜能，并因此尊重和鼓励自己。

自信的关键在于"自"，孩子自信心的建立关键在于他自己的努力，如果自己总认为自己不行，自己不给自己打气，那么无论父母怎样努力，也难以建立真正的自信。

当然，这并不代表我们做父母的对此就无能为力，只能眼睁睁地看着。有一位母亲看了李开复博士的《给中国家长的一封信》后对李博士说："我在教育自己的一对子女时，使用的方法非常不好：考试成绩差了，我会给他们一顿打骂；成绩好了，我就说，某某家的孩子比你们考得更好，直到今天我才明白他们之所以总是在人生的道路上遭遇挫折，主要是因为我的教育方式早已形成了一个阻碍他们进步的天花板——他们肯定会想，如果母亲都认为我是个笨蛋，我还有什么理由继续努力，现在我终于懂得，你信中说的：'在批评中长大的孩子最容易自卑，在嘲笑中长大的孩子最容易怯弱，在鼓励中长大的孩子最有自信，在称赞中长大的孩子最懂得宽容……'"

这位母亲的话，值得所有的父母深思。

拆除自卑的炸弹

孩子需要自信，犹如幼苗需要阳光。如果孩子产生了自卑，就会像幼苗遭受暴风雨的袭击，影响其苗壮成长。父母应坚持不懈地帮助孩子克服自卑，建立自信。

北京某小学8岁的张圆圆自尊心特别强，以至于到了一种自卑的地步。张圆圆觉得自己的相貌不够出众，她觉得自卑，认为不会有人喜欢她；她的成绩不算突出，她也自卑，认为老师会讨厌她；她为体育课成绩自卑；为自己某天穿的衣服不够好看自卑。总之，张圆圆为一切有理由自卑的事

情而自卑。所以,她不喜欢说话,不喜欢笑,逃避妈妈的关心,常常一个人默默地待在房间里,让妈妈十分担心。

自卑是人的一种心理缺陷,自卑的形成往往源于儿童时代。怀有自卑心态的人是不健全的,自卑心态对一个人终生的发展都有消极的影响,甚至会毁灭一个人的发展前途。因此,父母应关注自己的孩子有没有自卑心理,一旦发现,须尽早帮助克服和纠正,以避免形成自卑性格。

一般来说,自卑的孩子往往具有下面这些特征:

过度胆怯怕羞,不愿与人接触;十分在意别人对自己的评价;自卑的孩子对家长、教师、小伙伴对自己的评论十分敏感,特别是对小朋友的批评,更是感到难以接受,有时甚至无中生有地怀疑别人讨厌自己,且表现出愤愤不平;自暴自弃,占相当比例的自卑孩子往往会表现为自暴自弃,更有甚者,还可能表现出自虐行为,如故意在大街上乱窜、深夜独自外出、生病拒绝求医服药等;语言表达能力差,表现为口吃,或表述不连贯,或表达时缺乏情感,或词汇贫乏,等等;不能承受挫折,不能正确对待压力。

父母要尽早帮助孩子拆除自卑的炸弹,愈早进行,效果愈好。至于父母应该采用什么样的方法来进行帮助,以下建议可供参考:

一、赏识、鼓励你的孩子

要帮助孩子克服自卑,父母自己首先要对孩子抱有信心,否则就一定不能成功。积极的语言能使人产生积极的情绪,改变消极的心态,因而父母可以有意识地用"你真聪明""你一定行"之类的语言为孩子打气。

美国前参议员艾摩·汤玛斯,在小时候因身体原因有着较强的自卑感,他的妈妈就是通过引导儿子实践语言暗示帮助儿子克服自卑感的。他的妈妈曾这样对他说:"……儿子,你的身体不太好,你可以用你的头脑为生,用自己的良好语言表达能力、宣传鼓动的力量……"因此,艾摩在妈妈的教育下,避开了身体上的劣势,克服了自卑感,终于获得了成功。

二、父母要引导孩子正确认识自己，发现自己的长处和优点

父母要教育自己的孩子：想战胜自卑，就要对自己的现状感到满足，要客观地看待自己，相信自己的力量，发挥自己的长处。俗话说"尺有所短，寸有所长""金无足赤，人无完人"。不仅要如实地看到自己的短处，也要恰如其分地看到自己的长处。

三、鼓励孩子克服恐惧心理，勇敢面对挑战

每当孩子遇到困难，不敢接受挑战时，就要求他们先在头脑中想象自己完成任务时的胜利情景。这种随意遐想式的预演胜利法，对于帮助孩子战胜恐惧心理，愉快地接受富有挑战性的任务，具有立竿见影的效果。

四、"以勤补拙"与"扬长避短"

父母要教会孩子克服自卑的两种有效手段："以勤补拙"与"扬长避短"。

当孩子知道自己在哪些方面有缺陷时，教育他不要背思想包袱，以最大的决心和顽强的毅力去克服这些缺陷；另外，父母要教育自己的孩子扬长避短，把重点放在自己的优势上。中国有句古话："失之东隅，收之桑榆。"一个人不会十全十美，但也绝对不是一无是处。只要善于找到突破口，总会在某个领域做出成绩。

18世纪，有一个青年，整日碌碌无为，过着流浪的日子。有一天，他来到巴黎，求助父亲的朋友找一份工作。父亲的朋友问："你会什么？会算账吗？"

青年摇头。

"你懂法律吗？"

青年还是摇头。

"那么你的数学或者是历史、地理方面怎么样？"

那青年一直在摇头，意思是说他身上没什么长项。父亲的朋友耸耸

肩,无奈地说:"那你先留个联系地址再说吧。"青年不好意思地写下了地址。父亲的朋友看了看地址,忽然说道:"你写得一手好字呀!你会有一份好工作的。"

青年眼睛一亮,意识到写好字也是自己的一个长项。既然能写好字,不是也可以写好文章吗? 从那时起,青年开始努力写文章。多年后,他写出了《基督山伯爵》。他就是法国作家大仲马。

帮助孩子学会肯定自我

孩子都需要从心理上不断地自我肯定,来获取前进所必不可少的原动力。而对缺乏自信的孩子来说,要摆脱自卑的阴影,并树立自尊和自信,自我肯定无疑更为重要。以下是教育专家为父母提出的如何帮助孩子学会自我肯定的几个简单易行又行之有效的办法:

一、不要太过完美地苛求孩子

无数事实证明,有些孩子之所以缺乏自信,一个很重要的原因就是父母以完美主义的态度过高地要求孩子。在父母完美苛求中成长的孩子,往往做事认真,成绩超人,是父母和老师的骄傲。但是,在渐渐长大之后,长期形成的完美习惯就会变本加厉,导致强迫症。有的孩子做作业稍有涂改,就全部撕掉重做;做题速度越来越慢,一遍又一遍地反复检查,甚至考试时做不完题目;更有甚者,走在路上反复数脚下的地砖而经常迟到。

孩子在这种强迫症的影响下,自信便可能丧失殆尽。在不能完美地完成一件事时,他就会在潜意识中往往会对自己做出否定认知——"我不行""我的脑筋不好使""别人就是不喜欢我",等等。

二、注意表扬的方式

让孩子多做自我肯定的一个最简单方便的方法,是变更你对孩子做出的所有的表扬的主语:只要把"我"改成"你",把"我们"(父母)对你(孩子)的表扬,变更成你(孩子)对自己的表扬。这种简单的变化,能够更充分有力地让孩子认识到自己的行为是正确的,这实际上起着一种增加对孩子赞赏的效果。如:"你今天用积木盖起了这么高的大楼,我真为你感到自豪!"可改为:"你今天用积木盖起了这么高的大楼,你一定会为自己感到自豪!"

三、不必过于看重别人的评价

父母可以对自卑的孩子多表扬,但其他人(包括小伙伴们)却不一定能完全做到这一点。他们或许会"实话实说",或许会故意挑剔,甚至讽刺挖苦。此外,孩子不可能永远地依赖别人的评语,而迟早要依靠自己内心的动力前进。有些孩子完全依赖成年人的赞许,连怎样认可自己都不知道了。这样的孩子长大了如果成为球员,那就可能在比赛时每打出一个球,就会回头看看教练的脸色——自然他就难以成为一个成熟的球员。面对这样的孩子,不妨指出他的正确之处,然后提醒他不必过分看重别人的评论。

自卑的孩子由于做了一件错事而遭到了批评,一下子感到丧失了前进的方向。此时你应该告诉他,对待批评的最好办法便是承认并改正;当孩子主动承认了错误时,你完全可以告诉他:"你这样做很不容易,因为这需要很

大的勇气,你可以对自己说'你做了一件了不起的事。'"

四、强化孩子的自我肯定

对自卑情绪严重的孩子来说,他心中的自我肯定往往是脆弱的,飘摇不定的,因而极需要得到外界经常不断的强化。强化孩子的自我肯定方法很多。如:可以让孩子为自己记一本"功劳簿",让孩子每周花几分钟时间写出(或画出)自己的"功劳";并告诉孩子,所谓"功劳",并不一定非得是了不起的成就,任何小小进步,以及为这种进步所做出的任何小小努力,都有资格记载入册;也可为孩子准备一些小小的奖品(如画片、玩具、小人书等)——每当孩子做出了一点成绩,或一件令他自己感到自豪的事,他就有可能获奖;你还可以教孩子学会以"自言自语"的方法不断对自己做出赞扬——当孩子遇到困难踌躇畏缩时,你不妨鼓励他自己对自己鼓劲:"来吧,小朋友,你可是一个不怕失败的好孩子,再做一次努力吧!"

五、合理运用自我肯定

鼓励特别自卑的孩子多做自我肯定,并不意味着应该让他"滥用"自我肯定。不要鼓励孩子在任何时候、任何情况下都使用自我肯定。自我肯定也应有个度,既要分时间、场合,更要有一定的原则、标准和尺度。再好的良药,也不能下得过猛——孩子的自我肯定用过了头,那就可能变成了一个自负,甚至唯我独尊的"小霸王"。这种倾向是必须要注意防止的。

帮助孩子树立良好的自我形象

所谓自我形象就是自己对自己的看法和评估。

一个有良好自我形象的孩子常常感觉自己是受人欢迎的,因而充满自

信,能积极克服困难,大胆做事。自我形象差的孩子常常感觉自己不令人满意,自卑、胆怯、怕做错事。自我形象一旦形成,不易改变。而孩子由于年幼,对自己的看法与评价一般先来自于父母对他的看法和评价。孩子自信心的形成与父母有密切的关系,因此,父母需要尊重孩子,帮助孩子建立良好的自我形象。

妈妈从超级市场买了许多食品回来。克莱尔在厨房里看妈妈把放鸡蛋的盒子从食品袋中拿出来,克莱尔便伸手去抓盒子,她很想帮妈妈把鸡蛋放到盒子里去。

"别动!克莱尔!"妈妈大声叫道:"你会打碎它们的,最好让妈妈来放,等你长大了再来帮忙好吗?"

克莱尔奶声奶气地说:"妈妈,我不会打碎的,让我来帮你!"

妈妈一边放食品,一边大声叫道:"小孩子不要乱动!"

克莱尔只好缩回了手,眼泪汪汪地看着妈妈整理那些鸡蛋。

每个人都有自尊和被人尊重的需要,孩子也不例外。而自尊、被人尊重,是产生自信心的第一心理动力。孩子的自信首先来自自尊,一个没有自尊的孩子是不可能有自信的。

尊重孩子不分时间和地点,也不分孩子是优点多还是缺点多。如果一位家长在孩子有成绩时就尊重他,在出现问题时就责怪他,任意褒贬,这就做错了。家长不妨用心理换位的方法想一想,自己有了缺点、错误时,希望

别人怎样对待自己。

下面这一位母亲就做得非常好。

青青已经三岁了，三岁的孩子独立性非常强，经常要做自己想做的事。有一天，青青想自己倒牛奶来喝，妈妈想帮助青青。青青说："不用了，我自己来。"

青青的妈妈想到应该让孩子自己独立做事了，就鼓励道："青青长大了，会自己做事，真能干！"于是，青青捧起牛奶盒子，努力想把牛奶倒进杯子里。

沉重的盒子让青青的小手抖了一下，正好碰到了杯子，杯子是没打翻，但是却有一部分牛奶被洒在了桌上。

妈妈没有责骂青青，反而称赞道："啊，青青真能干，竟然把牛奶倒进了杯子，现在，让我们把洒出来的牛奶用海绵吸干净好吗？"

青青高兴地说："好！"于是母女二人认真地擦起桌子来。

孩子需要父母的尊重，孩子是独立的大写的人。外在强加的活动对孩子来说是不快乐，尊重孩子比送他贵重的玩具更能让他幸福。在日常生活中，父母要把孩子当成与自己平等的人，有意识地让孩子参与一些家庭的事务，与孩子讨论一些家庭中的事情，让孩子感觉到自己的能力和父母对自己的信任，这样，孩子的自信心便会很容易地建立起来。

此外，父母必须清醒地认识到：尊重孩子，就不能对孩子说有辱人格、有伤自尊的语言。父母千万不要经常对孩子说："你真没出息！""小孩子懂什么！""大人的事，小孩子知道什么？"这样，孩子就会觉得自己无法获得父母的信任，从而无法获得自信。尊重孩子尤其不能随意辱骂、惩罚和殴打孩子，辱骂、惩罚和殴打是最伤害孩子自尊心的。请父母记住，千万不要为了自己的尊严，伤害孩子的自尊。

帮助孩子建立积极的自我形象，除了要尊重孩子以外，父母还应该如何做呢？

首先，给孩子创造表现自我的机会，让孩子独立去做事情，如洗手帕、

扣衣扣、整理玩具、做手工等事；家里来了客人，可鼓励孩子为客人画一幅画或者唱一支歌。孩子每次成功地做好一件事、表演好一个节目、画好一幅画等，都会体验到成功带来的喜悦和自信。

其次，多肯定孩子。父母要善于发现孩子的长处、优点，给予及时的肯定，还可适当地在众人面前公开表扬。这样孩子会感觉自己有许多优点，是个大家都喜欢的孩子。

再次，父母还要捕捉孩子好的开端，并告诉他。孩子第一次独立学会系鞋带，第一次摔倒后自己站起来没有哭，第一次主动将玩具给邻居孩子玩……父母都要特别细心地观察到，并及时表扬。对那些感觉自我形象差的孩子，父母更要关注他们一点一滴的进步，并及时给予鼓励，这样会使孩子感到自我形象正在一点点地变好。

最后，父母应根据孩子的特点、能力大小，慎重、正确地评价孩子，要求不要过高或过低，不要伤害孩子的自尊心。

在成长中培养好品质

第八章

礼仪——有"礼"走遍天下

讲文明，懂礼貌

讲文明，懂礼貌不仅能给人生带来快乐，而且能够帮助一个人走向成功。从外表上看，文明礼貌是一种表现或交际形式，从本质上讲，它反映着我们自己对他人的一种关爱之情。所以，真正的文明意识必然源自内心。

耶鲁大学有一批应届毕业生，共22人，实习时被导师带到华盛顿的某实验室参观。全体学生坐在会议室里等待实验室主任胡里奥到来。这时有秘书给大家倒水，同学们毫无表情地看着他忙活，其中一个还问了一句："有咖啡吗？"秘书抱歉地告诉他刚刚用完。当秘书给一个名叫比尔的学生倒水时，比尔轻声说："谢谢，大热的天，辛苦了。"这是秘书这天听到的唯一一句感谢的话。

门开了，胡里奥主任走进来和大家打招呼，没有一个人回应。比尔左右看了看，带头鼓了几下掌，同学们这才稀稀拉拉地跟着拍手，掌声显得很零乱。接着胡里奥主任亲自给大家讲解有关情况，他看到同学们没有带笔记本，就把实验室印的纪念手册拿来送给同学们做纪念。大家都坐在那里，随意用一只手接过胡里奥主任双手递过来的手册。

胡里奥主任的脸色越来越难看，他已经快没有耐心了。就在这时，比尔礼貌地站起来，身体微倾，双手接住手册恭敬地说了一声："谢谢您！"胡里奥闻听此言，不觉眼前一亮，他拍了拍比尔的肩膀问："你叫什么名字？"比尔照实作答，胡里奥主任微笑着点头回到自己的座位上。

两个月后，比尔被该实验室录取了。有几位同学感到不满并找到导师："比尔的学习只算是中等，凭什么选他不选我们？"导师笑道："比尔是人家点名来要的。其实你们的机会是均等的，你们的成绩甚至比比尔还要好，但

成长中培养好品质

是除了学习之外,你们需要学的东西太多了,修养是第一课。"

从这则故事中我们不难看出修养对于一个人的重要性。比尔之所以在与别人均等的机会面前轻易胜出,完全取决于他不同于别人的良好修养。俗话说得好,做事先做人。一个人的道德修养是其事业能否成功的基础所在。没有修养的人,无论你的学识有多么渊博,也是不受人欢迎的。一个人从小就要不断提升自己的修养,因为人际关系必将决定我们的前途和命运。

孔子曾说过:"质胜文则野,文胜质则史。文质彬彬,然后君子。"这是说,只是品格质朴而不注重礼节仪表,就会显得粗野,光注重礼节仪表,却缺乏质朴的品格,就会显得虚浮。只有礼节仪表同质朴的品格结合,才是一个有教养的人。

所以,父母要从品格与礼仪两方面去规范孩子,让孩子养成文明礼貌的好习惯。

父母应教给孩子在社交过程中应遵守的礼仪常规,如正确使用文明礼貌用语;进入他人房间先敲门,得到允许方可入内;在车上主动为老弱病残孕让座;在公共场合不大声喧哗;家里来客人要主动打招呼,递茶时双手奉上;别人讲话时注意倾听,不中间打断,不随意插话……以上种种都是讲礼貌的一些具体形式和内容,是起码的常识。

孩子只有懂得了以上这些并能做到,才能够证明他掌握了最初的交往技能,懂得了初步的社会行为规范。这是孩子们交往能力发展最理想的前奏。

父母要注意的是,在孩子没有养成讲礼貌的习惯之前,千万不要强迫孩子。现在生活中,很多父母在孩子没有礼貌的时候总会强迫孩子讲礼貌,比如有客人来家里,孩子躲在房间里不出来,不与人打招呼,父母非得把孩子拉出来跟客人问好,结果,孩子产生了逆反心理。事实上,父母这种强迫的行为本身就是不礼貌的。孩子不愿意与人打招呼必然是有原因的,比如孩子从小就很害羞,孩子认为客人是父母的客人,与自己没关系,或者他正在做作业,一时忘记了打招呼……这时候,父母需要的是引导孩子去跟客人打招呼,如果孩子实在不想打招呼,父母不应该强迫孩子,应该在事后告诉孩子:"与人打招呼是最基本的礼貌,你去别人家里时也希望受到别人的热情欢迎呀!"这样,让孩子设身处地为他人想想,他的礼貌举止才会发自内心。

注重礼仪,给人良好印象

成功学大师拿破仑·希尔曾经说过:"世界上最廉价,但能得到最大收益的一种事物就是礼仪。"注重礼节,讲究礼仪,是每个追求成功之人的必修课,也是对人生负责的一种表现,孩子也不例外,一定要从小就培养起注重礼仪的好习惯。

以下是父母应该让孩子掌握的几大礼仪:

一、个人礼仪

个人礼仪包括仪容仪表、仪态举止、谈吐、着装、就餐、娱乐等几个方面。

(1)仪容仪表。主要要求整洁干净。脸、脖颈、手都应洗得干干净净;头发及时理、经常洗;指甲经常剪;注意口腔卫生,早晚刷牙,饭后漱口;经常洗澡、换衣服;消除身体异味,有狐臭要及早治疗。

（2）仪态举止。主要从站、坐、行以及神态、动作方面提出要求，古人对人体姿态曾有形象的概括："站如松，行如风，坐如钟，卧如弓。"优美的站立姿态给人以挺拔、精神的感觉，身体直立，挺胸收腹，脚尖稍向外呈 V 字型，忌讳无精打采、歪脖、耸肩、塌腰，正式场合不能叉腰或双手交叉。坐姿要求端正挺直而不死板僵硬，不能半躺半坐，两腿不能叉开，双手自然放在膝或扶手上，大方得体。走路要求挺胸抬头，肩臂自然摆动，步速适中，忌讳摇摇晃晃，或者扭捏碎步。表情神态要求表现出对人的尊重、理解和善意，面带自然微笑，忌讳随便剔牙、掏耳、挖鼻、搔痒、抠脚等不良习惯。

（3）谈吐。礼貌待人，态度诚恳、和气、亲切，谈吐文明，使用礼貌语言，如："请""谢谢""您好""对不起""没关系""真过意不去""让您久等了""这是我应该做的"，等等。谈吐语言要简洁得体，不能沉默无言，也不能自己喋喋不休，要认真倾听对方讲话，交谈时可以注视对方的鼻尖或看着对方眼睛，忌讳东张西望、翻看其他东西。交谈人多时，不可只跟一人谈话而冷落其他的人。

（4）着装。要求干净、整洁、合体，忌讳脏兮兮、皱巴巴，以朴素、大方、明快为宜，既不要不修边幅，也不要一味追求时髦，袒胸露背露大腿，更不要穿奇装异服。

（5）就餐。就餐前，要先招呼长辈和客人。就餐时，不高声说笑，不挑菜翻菜，不剩饭，若提前离席，在放碗筷前要说："你们慢慢吃。"

（6）娱乐。收听音乐、看电视时音量要小，不能影响家人或邻居，看电视选台时要尊重多数人的意见。

二、公共场所礼仪

公共场所礼仪包括走路、问路、购物、乘车、在影剧院等方面。

（1）走路。走路除了注意体态、姿势之外，还要遵守交通规则，靠右行不抢道，不闯红灯，不横冲直撞；遇到熟人要打招呼，互致问候，不能视而不见；如见到熟人需要交谈，应靠边或到角落谈话，不能站在道路中间或人多拥挤的地方；行人互相礼让，青年人主动给长者让路，男生给女生让路，健康人主动给残疾人让路。

（2）问路。向别人打听道路，先用礼貌语言打招呼，如"对不起，打扰您一下""请问"等。孩子问路应选适当称呼，如"老爷爷""阿姨""叔叔"等，然后再问路，听完回答之后，一定要说："谢谢您!"如果遇陌生人问路，则应认真、仔细地回答，若自己不清楚，应说："很抱歉，请再问问别人。"

（3）购物。到商店购物，要按先后次序，不可以"上帝"自居，要用礼貌语言，忌讳用"喂""嘿"等字眼，购物之后也应说"谢谢"。

（4）乘车。乘坐公共汽车、火车、轮船等，人多拥挤，要照顾老人、孕妇、小孩和残疾人，并主动给他们让座。不要与他人互相挤撞，不要恶言恶语，要持理解、宽容的态度，要保持车上卫生，不乱扔东西，上车不要抢座。

（5）在影剧院。在影剧院，不能大声喧哗，不能乱扔纸屑、果皮，尽量提前一点到场、入座。如果迟到，入座时走姿要低，速度要快。看演出，要尊重演员，适时鼓掌，演员谢幕前，不要提前退场。

（6）在学校里。严格遵守校纪班规，佩戴校徽、团徽或红领巾；走廊楼道内要轻声缓步靠右行；路遇老师，停步鞠躬或行队礼，主动让道问好或报以微笑；回答老师提问要先举手，待老师允许后再起立或坐下，在其他同学发言时不要随便插话；宾客、同学、父母问询，应热情回答，必要时要主动引路。

（7）在公共场所。要维护公共卫生、公共秩序、公共环境，不大声喧哗，不随地吐痰，不乱扔纸屑、果皮，不乱涂乱画，要爱护公共设施、文物古迹、花草树木。

（8）上下楼梯。步行上下楼梯（含乘滚梯）的时候，要尽可能地靠右行，不拥挤、不抢道、不打闹。这样，可以给有急事的人留出一条路来，让他们先走，而且可以避免自己和他人相撞。

三、待客礼仪

每个家庭都会有客人来，父母要试着让孩子学会以主人身份招待客人，注重礼貌待客。

礼貌待客的礼仪有：

（1）迎客。迎接客人进屋的时候，主动帮助客人放衣物，请客人在合适的位置落座，主动送上客人想喝的饮料，递接物品要用双手。

（2）交谈。教育孩子主动、大方地与客人交谈，不要拘谨，让客人感到像在自己家里一样。

（3）送客。教育孩子，在客人走时要说"再见""有空常来"。

（4）做客。做客的时候要让孩子保持整洁，以表示对主人的尊重，不能粗声粗气，要谈吐文雅，不经主人允许，不可随意动用主人家里的东西；告别时，要说感谢的话，如"今天饭菜真好吃""玩得很愉快"！

纠正说脏话的坏毛病

在6~12岁的孩子身上，父母常会有一个惊人的发现，就是"脏话的魔力"。说它惊人，是根据父母的感受，你可以想象一下，当你听到自己一向甜美、纯洁的小宝贝口出秽言时，你所表现出的是何等的震惊。

要想重新洗净孩子的嘴巴，对他带回家的那些脏话不要过度反应是最好的方式。首先，确认一下孩子是否了解自己口中所说的话的真正意思。让他自己解释，在使用那些脏话时他想表达什么意思，而这些脏话是否能正

确表达他的意思。

简而言之,将脏话的魔力——模糊的吸引力,从孩子心中除去,让他知道,你很愿意随时和他讨论脏话,或者是好话。

一、问题的预防

(1)了解孩子的交友状况。孩子总是会有几个爸妈不太喜欢的朋友,例如爱说脏话的朋友。由于你不可能控制孩子所有的交友状况,因而不如选定几个让你比较担心的对象,规定孩子:如果要和×××玩,就请他到家里来。这样,就能比较深入地了解并掌控他们的互动情况。

(2)订立说脏话的规则。和孩子分享你对语言或词汇的看法很重要。当孩子说脏话时,问问他对自己说那句话的感觉:"你说那句话时有什么感觉?有哪些其他的话可以表示同样的感觉?"最后,提醒他在家里说脏话的规则。确切地让孩子知道,你爱他,可是不喜欢他说脏话。

(3)和孩子讨论如何说话。孩子应该学习在这个社会文化中,哪些用语是被接受的,哪些用语是带有侮辱性的。因此,当孩子问到某些用语时,详细解释给他听,让他明白为什么某些用语不被接受,如果说了会造成什么后果。

(4)以身作则。父母本身习惯使用适当的言语,孩子听惯了自然而然也会照着用。设计一张表格,将适当和不适当的词语并列。教导孩子分辨、学习不同的词语所代表的意义,若他使用适当的词语就赞美他。

二、可行的方法

(1)弹性疲乏法。若孩子使用无礼的字眼,罚他不停重复同样的字眼5分钟。他很快就会对那个字眼失去兴趣,懒得再说它。如果他拒绝照你的话做,不肯重复5分钟,告诉他,在处罚完成前不准做其他的事情。

(2)赞美。如果孩子在可以使用脏话时,选择用更恰当的语言表达方式,你一定要记得赞美他的自我控制能力。赞美,会让孩子更有信心使用适当的语言来表达自己的意思。

三、禁忌的方法

（1）不要震怒或恐慌。孩子很喜欢有力量的感觉,如果你对他的脏话反应过度,他反而会觉得自己很强。保持镇定,不要让愤怒影响你,以免孩子用脏话来控制你。

（2）不要严刑峻罚。用肥皂水洗孩子的嘴巴,可以清洁他的口舌,却洗不掉他说脏话的习惯。如果你采取类似的方法,例如打、骂、威吓,孩子只会学到不在你面前说脏话,其他时候就很难说了。

10岁的马克在家庭附近和学校里恶名昭彰,人人叫他"脏话大王",他觉得这个绰号听起来很威风,好像自己已经是大人了。

终于,这个绰号传进了马克爸妈的耳朵里。他们又震惊又尴尬,于是,在马克回到家后,命令他坐下,狠狠地训了他一顿:"你知不知道当我们听到你对邻居讲的那些话时我们有多丢脸!难道你自己一点也不觉得羞耻吗?现在你有什么话说? "

马克不知道该说什么,于是爸妈就用最传统的方式惩罚他——用肥皂水洗他的嘴巴。他们把肥皂塞到马克嘴里,罚他坐着不许动5分钟,以为这样就可以让他远离脏话了。

然而,马克是"脏话大王"的传言还是不断。虽然没有大人再度听到他讲脏话,可是其他的孩子都出来指证,并向他们的家长告状。

马克的爸妈知道他们必须彻底改掉马克说脏话的坏习惯了。他们记得,马克小时候最爱吃热狗,几乎餐餐都吃。有一天,他偷偷爬到冰箱里吃掉了一整包的大热狗,从此以后,就再也不肯吃热狗了。

他们决定要用同样的方法戒掉马克说脏话的习惯。为了让马克知道哪些字眼很粗俗不雅,他们列了一张表,上面记载了各种"禁止使用的词语"。过了不久,马克的爸妈又听到他说了表上的某个字眼,妈妈就说:"看样子你很喜欢那个字。现在,我要你坐在这里,大声、清楚地说出那个字,连续说5分钟不准停。"

"我不要!"马克不满地说,然后坐在妈妈指定的椅子上,双手抱胸,嘴巴闭得紧紧的。

妈妈平静地回答:"好吧。随便你。你可以选择不说话一直坐着,或照我说的,连续说5分钟,然后去做你想做的事。你自己决定。"

马克闷不作声地坐了一会儿,爸妈听到他开始说那句脏话。

这个处罚方式后来又进行了好几次。最后,马克觉得说脏话太不划算了,就开始小心地选择自己说话的字眼了。

学会赞美,赢得他人好感

赞美是必不可缺的交际礼仪,人类本性中最深的企图之一就是期望被赞美。赞美是语言的钻石,赞美有着巨大的威力,赞美是我们乐观面对生活所不可缺少的,是我们自强、自信、自我肯定的力量的源泉;赞美是人际关系的润滑剂,还可以约束人的行动,能使人自觉克服缺点,积极向上;赞美的效果常常会出乎人的预料,即使是简单的几句赞叹都会让人感到心理上的满足。向别人传递一个真诚的赞美,能给对方的心灵带来光明。父母如果希望孩子长大后能很好地与人沟通,会得体地表达自己的心声,那么就要注意从小培养孩子赞美别人的能力。

在日常生活中,父母应该培养孩子去发现,去寻找别人值得称赞的地方,并设法真诚地告诉别人,这样既能给别人的平凡生活带来阳光与欢乐,也会让赞美别人的孩子有一个良好的人际关系。

在人际交往中,赞美要运用得体,因为赞美可以使人受到鼓舞,不断进取,但也能使人盲目自满,故步自封。所以,对别人进行赞美的时候一定要讲究技巧。要记住这样一句名言:"赞美词是一把两面有刃的利剑,它能增进人际关系,铲除隔阂,也能刺伤对方的自尊心,破坏关系。"

赞美别人应该成为一种习惯,这种习惯应该从小就开始培养。那么,怎样让孩子学会赞美别人呢?

一、赞美别人一定要真诚

赞美绝不是虚伪的胡乱夸赞，也不可以用漫不经心的态度，一定要用认真诚恳的表情来赞美他人。如果别的同学把事情搞砸了，你的孩子却"不失时机"地赞美道："你做得真好，我想做还做不到那个样子呢。"这个时候,赞美就变成一种讽刺了。不真诚的赞美往往会起反作用，不但不会使别人舒畅,反倒会伤害别人。

父母应该告诉孩子,真诚的赞美与虚伪的谄媚有着本质区别：前者看到和想到的是别人的美德，而后者则是想从别人那里得到好处。只有真诚赞美别人的人才能真正得到别人的爱。

赞美有时候没有必要去刻意的修饰，只要是源于生活,发自内心,真情流露,就会收到赞美的效果。

二、赞美事实

赞美绝不是阿谀奉承。教孩子赞美别人不能毫无根据,只是说："你真是一个好人!"那样的赞美毫无意义。所以,一定要赞美事情的本身,这样对别人的赞美才可以避免尴尬、混淆或者偏袒的情况发生。比如,当父母带孩子到朋友家做客,朋友准备了美味的饭菜,这时候,父母可以让孩子这么说："阿姨做的饭真好吃。"而不要只是说："阿姨,你真好。"

三、可以直接赞美

以具体明确的语言、表情称赞对方的行为。如果你的孩子想要赞扬同学的作文写得非常好，就可以说："你的作文写得真好，我要是也有你那么好的文笔就好了。"这样的话语既平等，又真实，充满羡慕，让别人觉得很舒服。即使被赞美者知道自己的作文写得没那么好，也会对称赞者平添一份友好的感情。而赞美长辈则应怀着敬佩、尊重、学习的心情。

四、也可以间接赞美

教孩子以眼神、动作、姿势来赞美和鼓励别人。一般的人对表情和动作的感觉远远超过对语言的感觉。有一些场合，人的表情在多数情况下是下意识的，发自内心的，其中所含的虚伪的成分是很少甚至完全没有的。比如，可以用微笑、惊叹、夸张地瞪大眼睛或是竖起大拇指表示对别人能力的倾慕和敬畏，这种方式是容易被对方接纳的。另外，如果想让孩子有赞美别人的习惯，父母首先要学会赞美孩子。

恰当地赞美别人是很重要的，它能拉近人们彼此的距离，让别人对你充满好感，充满信任。生活中，只要孩子注意到了这一点，经常恰当地赞美别人，将会使自己的生活充满欢乐。

倾听是一种基本的礼貌

一位教育学家说过这样一段话："态度、信仰、感情以及直觉——都或多或少地投入到听的活动中去，从而集思广益。"一位哲人也说过："上帝给我们两个耳朵，却只给我们一个嘴巴，意思是要我们多听少说。"外国曾有谚语："用十秒钟的时间讲，用十分钟的时间听。"社会学家兰金也早就指

出，在人们日常的语言交往活动(听、说、读、写)中，听的时间占45%，说的时间占30%，读的时间占16%，写的时间占9%。这说明，"听"在人们交往中居于非常重要的地位。善于倾听在人际交往中是非常重要的礼仪。

心理学研究表明，越是善于倾听他人意见的人，与他人关系就越融洽。因为倾听本身就是褒奖对方谈话的一种方式，你能耐心倾听对方的谈话，等于告诉对方"你是一个值得我倾听你讲话的人"。一位名人说："学会了如何倾听，你甚至能从谈吐笨拙的人那里得到收益。"

事实上，在谈话中，任何人都不可能总是处于说的位置上。要使交谈的双方双向交流畅通无阻，就必须善于倾听他人的谈话。善于倾听他人说话的人，不仅能够及时地把握对方的信息，弥补自己的不足，不断完善自己，而且能够让对方产生被尊重的感觉，加深彼此的感情，有利于人际交往。

孩子要与人融洽相处，流畅地交流，必须要先学会倾听。倾听他人既是一个听的过程，也是一个学的过程。在倾听他人的过程中，孩子可以从他人的言语中学习到一些自己不知道的知识和他人的为人处世的态度与原则。

但是，在现实生活中，我们往往会发现许多孩子虽然非常善于表达自己，但是却不会倾听他人，无法与人在交往中体现出真诚，甚至不愿意倾听他人的建议和忠告。事实上，每一位父母都应该培养孩子倾听他人的习惯，它将使孩子终生受益。

那么，怎样培养孩子倾听他人的好习惯呢?

一、父母要善于倾听孩子的心声

在现实生活中，许多父母都没有认真倾听孩子心声的习惯，这也是孩

子无法养成倾听他人习惯的原因。经常有父母这样感叹:"孩子有什么话总不肯跟我说,我说什么孩子也不愿意听,真是拿他没有办法。"事实上,父母不善于倾听孩子,孩子说的话就得不到父母的重视,孩子便只会把自己的想法藏起来,而且,孩子还会感觉到父母是不尊重自己的,从此更加减少与父母之间的沟通。这种后果将是非常严重的。

心理学家提示父母说:"如果父母从不听孩子说话,孩子长大后往往要经过许多年治疗才能恢复自尊。"事实上,孩子虽然还小,但是他们也有独立的人格尊严,他们也需要表达自己的想法和感受,父母是没有权力剥夺孩子的这些权利的。

倾听孩子的心声不仅是了解孩子心灵的有效途径,也是培养孩子倾听他人的重要方法。父母必须定期抽出专门的时间来倾听孩子的心声,让孩子感受到你对他的重视和赏识。

倾听孩子说话时,父母一定要端正姿态,千万不要摆出一副表面上倾听、实际上千方百计想出一些理由来反驳他的样子,完全不顾及孩子的感受,总是否定孩子的思想,这样孩子便不会再主动与父母交流了。

二、教育孩子用心倾听他人

许多孩子在倾听他人讲话时往往心不在焉,或左顾右盼,或处理他事,或摆弄东西,或不时走动,这种方式最易伤人自尊,说话的人往往觉得自己不被尊重,因此不愿再讲,更不愿讲心里话,谈话不仅无法收到好的效果,还会影响到双方的关系。

实际上,在人际交往中,孩子不仅要理解他人,而且还必须感受和体验他人的情绪。父母要教育孩子在别人愉快的时候与他分享快乐,在别人痛苦、失落的时候与他分担痛苦和失落,这种用心与人交往的表现必然会赢得他人的好感。

三、教孩子学会提问

倾听他人时,也要适当地发出提问,以表示你在认真地听对方说话,这

也是尊重别人的表现。比如，新同学在做自我介绍时，可以适时地问一句"你们那里是怎么样的？有没有好玩的地方？""你到我们班后有什么想法吗？""你能不能谈谈你来这里后的所见所闻？"这样，对方就可能介绍一些提问者不太了解的事情，这种提问方式无疑是巧妙的。

当然，父母应该教导孩子，在提问的时候尽量避免涉及对方隐私和敏感的话题。

四、教给孩子倾听他人的礼仪

（1）要面带微笑，不要显示出不耐烦的样子，要让对方感到轻松自如，而不是拘束。

（2）倾听时不要挑对方的毛病，不要当场提出自己的批判性意见，更不要与对方争论，尽量避免使用否定别人的回答或评论式的回答，如"不可能""我不同意""我可不这样想""我认为不该这样"等。应该站在对方的立场去倾听，努力理解对方说的每一句话，并可以对他人的话进行重复。

（3）交谈过程中要少讲多听，不随意打断他人的说话。

（4）倾听的过程当中可以适当地运用眼神、表情等非语言传播手段来表示自己在认真倾听。尽可能以柔和的目光注视着对方，并通过点头、微笑等方式及时对对方的谈话做出反映；也可以不时地说"是的""明白了""继续说吧""对"等语言来表示自己在认真倾听。

（5）如果对对方谈到的内容比较感兴趣，可以先点点头，然后简单地表明自己的态度，最后再说"请接着说下去""这件事你觉得怎么样？"等，这样会使对方谈兴更浓。

（6）如果对对方的谈话不感兴趣，可以委婉地转换话题，比如，"我想我们是不是可以谈一下关于……的问题？"等。

培养孩子的幽默感

严格来讲,幽默算不上是一种礼仪,但运用得好的话,它在人际交往中的作用是非常巨大的。著名幽默家克瑞格·威尔森曾经说过:"在我的成长过程中,幽默是生活中的七彩阳光,没有它,就没有我五彩缤纷的童年,也没有我充满欢声笑语、幸福无限的家庭。"事实确实如此,幽默感是一个人最具智慧的体现。和有幽默感的人相处,你会感到非常轻松而且愉快。

真正善于交际的人一定是具有幽默感的人,因为幽默的思维方式可以让他们轻松面对各种窘境。

美国废奴运动领袖菲利浦斯有一次被一位牧师诘问:"先生不是要拯救黑奴吗? 为什么不直接到非洲去宣传呢? "

菲利浦斯不紧不慢地回答:"先生不是拯救灵魂吗? 为什么不直接到地狱里去呢? "一句话把牧师问得无话可说。

幽默其实是一种情感的宣泄。弗洛伊德说:"诙谐与幽默是把心里的能量以游戏的方式释放出来。"幽默也是一种乐观向上的生活态度,它基于一个人对自己的尊重。幽默与搞笑是不同的,在大多数情况下,有幽默感的人总是不动声色就能使别人充分享受到轻松快乐。

幽默感是人与人之间的润滑剂,通过幽默的表达,可以舒缓紧张情绪,更能营造出快乐的气氛。

擅长幽默的人,人际交往中通常是比较成功的,因为,人们是不会讨厌一个能让他笑起来的人的。

儿童心理专家劳伦斯·沙皮罗认为,和其他情商技能一样,幽默感的发育从婴儿出生的最初几个星期就开始了,因此,父母应该结合这些发展阶段抓住机会培养孩子的幽默感。

一、父母可以经常给孩子讲一些幽默故事

在家庭生活中,父母可以经常给孩子讲一些幽默故事,让孩子在不断的熏陶中逐渐培养起幽默感。

据说有一位年过半百的贵妇人,她非常喜欢打扮,每天总要花很多时间来打扮自己。但是,由于年纪实在有点大了,再多的打扮也掩盖不住她的实际年龄。有一次,贵妇人遇到了大名鼎鼎的萧伯纳,她兴奋得让萧伯纳猜她的年龄。

萧伯纳一本正经地说:"看您洁白的牙齿,只有 18 岁;看您蓬松的卷发,不会超过 19 岁;看您忸怩的腰围和涂满胭脂的脸庞,顶多 14 岁吧!"

贵妇人听了萧伯纳的评价,非常高兴,她激动地问道:"亲爱的萧伯纳先生,那么请您精确地估计一下,我到底像几岁?"

萧伯纳说:"几岁吗?那很容易,只要把刚才三个数字加起来就是你的真实岁数了。18 加 19,再加上 14,你应该是 51 岁!"幽默的萧伯纳把周围的人都逗乐了。

有一位母亲把这个故事讲给了 9 岁的孩子听,孩子听完哈哈大笑。有一次,一位漂亮的阿姨到家里来做客。孩子对阿姨说:"阿姨,我看你好年轻呀!"阿姨问:"是吗?怎么个年轻法?"孩子说:"从你的背影看,你好像我的姐姐;从你微笑的脸庞看,你好像我们班上的女生。"一句话把阿姨给逗乐了。

事实确实如此,孩子听多了幽默故事,自然能够模仿、吸收幽默故事中的幽默因子,也会逐渐变得幽默起来。

值得注意的是,跟孩子说笑话或表演滑稽的动作时,要考虑孩子的年龄。因为大人认为好笑的语言或动作,孩子不见得有同感。但孩子认为好笑的语言或动作,大人要陪孩子一起笑,虽然从大人的角度来看也许不见得好笑。

二、帮助孩子多累积词汇

六七岁的孩子的语言能力在慢慢加强,会渐渐明白许多词语有多种不同的含义。他们喜欢跟他人讲一些有双重含义的词语。

十几岁的孩子则更迷恋于双关语和笑话，他们喜欢用这种双关的语言和笑话来表达对他人的正面或者负面的情感，保持与同伴之间的亲密关系。有时候，这种笑话成为孩子们友谊的象征，如果一个孩子被其他同学告知了一个笑话的内容，这就表明他已经被这位同学接受了，对方愿意把他当成好朋友。

因此，孩子们需要有丰富的词汇来帮助自己表达幽默的想法。如果词汇贫乏，语言的表达能力太差，那就无法达到幽默的效果。父母可以趁给孩子讲幽默故事的时候，教孩子理解表现幽默的字词、语句，并引导孩子联想是否有其他可以代用的词语，如此，训练孩子思维的敏捷性，以丰富他们的词汇。

三、父母要让孩子懂得幽默的可为与不可为

儿童心理学家劳伦斯·沙皮罗强调，幽默有时候被人们用来欺侮和侵犯他人，因此，父母要教孩子区别敌意和非敌意的幽默，培养孩子对幽默的判断能力与正确运用能力。

父母应该让孩子明白，幽默不可以用来伤人。比如，别人的种族、宗教信仰、生理残疾等是不能用来做幽默材料的，这会伤害对方的情感和自尊。如果孩子在无意中开了这样的玩笑，父母一定要及时给予教导，提醒孩子此种做法的不可为，并且教育孩子尊重他人。

父母在希望孩子具有幽默感的同时，不要忘记自己孩子的个性特点。有的孩子活泼，有的孩子内向，所以他们所表现出的幽默感的形式也会有不同，有的比较外露，有的比较含蓄。幽默来自人丰富的内涵，随着知识面拓宽，阅历增加，举止谈吐自然会有所改变。父母不要操之过急，要耐心丰富儿童的内心世界。真正的幽默是自然而然表现出来的，千万不要将幽默变成冷嘲热讽，或者变得油嘴滑舌。

在引导孩子具有幽默感特质时，父母应注意一些事项：

幽默要友善，不要伤害他人；

幽默要礼貌，不要嘲讽他人；

幽默要仅限于语言，不要有过激的行为。

第九章

合作——信息社会的生存之道

合作是成功者必备的素质

什么是合作？合作就是人与人之间的配合，共同完成一件事情。你一个人无法完成的事情，你与别人合作就能够完成；也许你能够完成一件事情，但是如果你与别人合作，你将会把这件事做得更加完美。

懂得合作是成功者必备的一种素质。合作既是一种精神和态度，也是一种能力和修养。在现代社会，人与人之间的联系更加紧密，完全孤立的人是无法生存的。

俗话说："一个篱笆三个桩，一个好汉三个帮。"一个人考入大学主要靠的是分数，而一个人步入社会站稳脚跟，并最终取得成功，靠的是能力。"与人合作"是人生存的最基本、最重要的能力。在"杰出青年的童年与教育"调查中，专家发现，杰出青年大多数是善于与他人团结协作的人，团结协作是许多成功人士的共同特性。一个人在个人生活和职业生活中的成功，取决于他与他人合作得如何。

汉高祖刘邦曾经说过："夫运筹帷幄之中，决胜千里之外，吾不如子房；镇国家，抚百姓，给馈饷，不绝粮道，吾不如萧何；连百万之众，战必胜，攻必取，吾不如韩信。三者皆人杰，吾能用之，此吾所以取天下者。"

清末名商胡雪岩，自己不甚读书识字，但他却从生活经验中总结出了一套哲学，归纳起来就是："花花轿子人抬人。"他善于观察人的心理，把士、农、工、商等阶层的人都集拢起来，以自己的财富优势，与这些人协同作业。由于他长袖善舞，所以别的人也为他的行为所打动，对他产生了信任。他与漕帮协作，及时完成了粮食上交的任务。与王有龄合作，王有龄有了钱在官场上混，胡雪岩也有了机会在商场上发达。如此种种的互惠合作，使胡雪岩这样一个小学徒工变成了一个执江南半壁钱业之牛耳的巨商。

一个人的力量是有限的,这不单是胡雪岩的问题,也是我们每一个人的问题。但是只要有心与人合作,善假于物,那就能取人之长,补己之短。而且能互惠互利,让合作的双方都能从中受益。

中国有句俗语:"一根筷子易折断,十双筷子抱成团;一个巴掌拍不响,万人鼓掌声震天。"善于协商与合作能够克服个人力量的不足,壮大集体的力量,从而使每个人都从中获得进步。因此,加强团结合作是一个人成功的基石,也是一个集体成功的基石。

世界是由各种各样的人组成的,就像彩虹是由七种颜色组成的一样。一个人只有学会与不同的人相处,才能适应未来的社会。"孤芳自赏"的人常常会有"怀才不遇"的苦恼。纵观社会上的成功人士可以发现,真正取得竞争优势的人首先是一个善于合作的人,完全靠单枪匹马稳操胜券的人并不是经常出现的,因为我们处在一个专业分工精细而又合作共处的时代。

合作不是一般意义上的人际交往,而是为了一个共同的目标结成的互助互利的双赢关系。合作的力量总是大于每个部分的总和。因此,培养孩子与他人合作的习惯尤其重要。每一位家长都应该认识到,合作是孩子未来发展、立足社会的重要素质。在独生子女越来越多的今天,这一素质的培养显得尤为重要。独生子女在家里没有伙伴,合作的机会很少,所以父母应加强孩子合作的意识与能力的培养。

现代社会在要求人们进行激烈竞争的同时,又需要人们进行广泛的多方面的合作。其实,这两点并不矛盾。同样,人在社会上,如果缺乏与他人合

作的精神和合作的能力,那么,他不仅在事业上不会有所建树,就连适应社会都很困难。

所以,对于父母来说,从孩子懂事时起,就应该有意识地培养孩子与他人合作的精神和能力。

从小培养与人合作的能力

在上一节我们已经详细论述了合作的重要性。可现实却是,由于现在孩子中独生子女数量大大增加,任性、脾气大、与人合作能力差成为大多数孩子的弱点。所以,培养孩子与人合作的能力是父母刻不容缓的工作。

那么,父母该怎样来培养孩子与人合作的能力呢?

一、让孩子明确与人合作的重要性

对于孩子来说,在日常生活和学习中,有许多事情是靠他一个人的力量无法做到的,这时他所需要的就是与别人合作。父母可以寻找并发现这样的事情, 然后利用这种机会让孩子体验一下个人无法完成的挫折感,从而使其懂得与人合作的重要性。

二、让孩子感受合作的快乐

成功的合作可以让孩子产生快乐的感受,这种感受能够带给孩子无穷的动力,进而促进孩子的合作意识和合作行为。

三、让孩子多与同伴交往

给孩子足够的时间,让其与同伴在一起,他们可以一起交谈,一起分享

玩具,一起做游戏,一起出去玩耍,一起做作业。父母应该知道,孩子有他们自己的生活,这种生活是成人社会所无法取代的。如果孩子不喜欢与别的孩子交往,父母就更要有意识地鼓励他与同伴接触、交往。此外,父母不能过多地干涉孩子的交往,这种交往是孩子获得合作的能力与情感体验的最基本的条件,它有利于养成合群性,消除孩子执拗或孤僻的倾向。

四、让孩子与同伴共同承担一定的任务

父母想要提高孩子的交往与合作水平,可以让孩子与同伴分担一个任务的不同部分,并通过力所能及的活动努力完成它。有时,对于一些复杂的任务,可以进行必要的分工,但必须保证他们活动的相互牵制性,以便他们通过必要的主动交往与协调达到总体任务的完成。否则,合作就会变成单干,不利于培养合作精神。另一个需要注意的情况是,一旦交给了他们任务,就要鼓励他们独立完成,即使遇到困难或者发生争执,父母也只能提供咨询,而不要越俎代庖,代替他们完成任务。

五、让孩子真正认识到别人很重要

父母要教育孩子:与人交往,一定要尊重人、看重人,使对方觉得他在你心目中很重要。

来看这样一个故事:在纽约街头,一个乞丐打扮的人在地摊卖铅笔。一

第九章 合作
信息社会的生存之道

139

个商人从他身旁经过,把一枚一元的硬币丢进放铅笔的杯子里,匆忙踏进地铁。但他停了一下,又转身回来,走到卖铅笔人跟前,从杯中取走几支铅笔,并很抱歉地解释说,他匆忙中忘记取走铅笔,希望这个人不要太介意。他还说道:"你跟我都是商人。你是在卖铅笔,而且上面都有标价。"说完,他赶下一班地铁走了。几个月后,在一个社交聚会上,一位穿着整齐的推销员迎向这个商人:"你可能忘记了我,我也不知道你的名字,但我永远也忘不了你。你就是那个重新给我自尊的人。我从前是个卖铅笔的乞丐,直到你那天告诉我,我是一个商人为止。"

六、让孩子知道竞争和合作是可以同时存在的

现在的孩子很多都是独生子女,一般在家里不会有人跟他争什么东西,父母也通常不会对他的言论提出什么不同的意见。但是在家里以外的地方,比如学校,就出现了竞争者和反对者。这样,孩子就认为反对他以及和他竞争的同学是不会成为合作对象的。所以父母要及时教育孩子端正他的竞争心理。竞争目的主要在于实现目标,而不在于反对其他竞争的同学。父母要教孩子把其他同学作为学习上的竞争对手、生活上的合作伙伴,千万不可一味地把他人当成竞争对手和敌人,不顾一切地对立他人,这种思想是不健康的。

同时,父母要教给孩子与人合作的技能,教育孩子考虑集体的利益,学会在关键时刻要约束个人的行为,牺牲个人的利益。如果孩子缺乏这种意识或者精神,与人合作是不可能成功的。

七、让孩子对别人真诚地感兴趣

一个人只有真诚地对别人感兴趣,他才会得到很多朋友。有的父母只要孩子关心自己的学习成绩,其他的事情一律不许过问,久而久之,孩子养成了只关心自己的习惯,只要求别人满足自己,至于别人有什么困难,他们并不去想,这样的孩子不会享受到帮助别人和得到别人帮助的乐趣。

孩子终究要走上社会,无论从事什么工作,都要和人打交道,只有对自

己工作的对象感兴趣,才能焕发出一种热情、一种创造力。

关于合作的四种不良现象

与人合作不是一件容易的事情,毕竟合作双方是两个独立存在的个体,在心理意识、个人判断以及价值观等方面难免会存在差异,这些差异对合作有着极大的影响,一个弄得不好,就可能导致不良现象的出现。这一点不仅成人要有清醒的认识,作为父母,也要将之灌输给自己的孩子,帮助孩子尽量避免这些不良现象。

那么,关于合作,到底存在那些不良现象呢?

现象一:片面强调竞争

现代社会,竞争越来越激烈,这种竞争不仅存在于成人之间,也存在于孩子之间,面对激烈的学习竞争,许多学生认为彼此"互为对手"。相关的问卷调查显示,虽然有 53% 的学生认为现在同学之间的关系应是"互相帮助、共同进步",但是,由于在学习、升学等各方面的竞争,46% 的学生感受到了实际存在的"互为对手"的关系。还有相当一部分学生认为同学之间是"互不相干"甚至是"互相提防"的关系。很显然,片面强调竞争的心理,阻碍了孩子间的团队合作意识。

现象二:"消极"默契

在共同完成一件事情的时候,因为缺乏足够的实力或者团队合作精神,合作者明明知道该任务不切实际、无法完成,但为了逃避指责,都心照不宣地选择"沉默是金",谁都不愿积极现实地去解决问题。这就是典型的

"消极"默契。

全球著名的苹果公司本来每隔一年左右发布一次新的操作系统版本，从 1984 年到 1991 年从未间断。但在 1991 年到 1996 年的五年中，在一种"不合作，也不说实话"的环境影响下，公司内的研发、市场、销售乃至管理人员相互推诿，只知道追究他人责任，软件研发工作一拖再拖，始终没能推出新版的操作系统，结果在市场上贻误了战机。直到 1996 年乔布斯重返苹果，并将他在 NEXT 研发的操作系统移植到苹果后，苹果公司才于 1998 年推出了新的操作系统，重新确立了自己在市场上的形象和地位。

通过这个例子，我们不难看出，当一个团队陷入"负面"竞争时，就会陷入拖延、内耗的泥潭；但当有魄力的领导带来成功的希望，并营造出相互支持和鼓励的工作氛围时，团队成员就可以很好地团结在一起，显示出无穷的力量。

这一种现象在孩子之间的合作中也同样存在，父母要帮助他们避免这种现象。

现象三：个人英雄主义

个人英雄主义是团队合作的大敌，将个人英雄主义捧得高高在上的年代已经过去。父母要告诉孩子，在合作过程中，只有摒弃个人英雄主义，才能培育出整体表现出色的团队。优秀但不懂得团队精神的人，在团队中只会起到负面作用。

现象四：因小失大

在现代式的团队合作中，集体利益和共同目标是合作的前提。在很多时候，为了保护集体利益的安全，为了保障共同目标的实现，需要对合作方式、工作方向以及利益分配等进行调整，这可能会对团队成员产生很大的影响，有团队合作意识的人会坦然面对，以大局为重，也有人

会"因小失大"。

从前,某个国家的森林内,喂着一只两头鸟。名叫"共命"。这鸟的两个头"相依为命"。遇事时两个"头"都会先讨论一番,然后采取一致的行动,比如到哪里去找食物,在哪儿筑巢栖息等。

有一天,一个"头"不知为何对另一个"头"发生了很大误会,造成谁也不理谁的仇视局面。

其中有一个"头",想尽办法和好,希望还和从前一样快乐地相处。另一个"头"则睬也不睬,根本没有要和好的意思。

之后,这两个"头"为了食物开始争执,那善良的"头"建议多吃健康的食物,以增进体力;但另一个"头"则坚持吃"毒草",以便毒死对方才可消除心中怒气!和谈无法继续,于是只有各吃各的。最后,那只两头鸟终因吃了过多的有毒的食物而死去了。

这个故事给我们的启示就是:合作者之间应该始终和和气气、团结一致,若有不愉快的事情发生,大家应该开诚布公地解决,不要将其当作私仇,图谋报复,否则就会因小失大,给双方、给整个团队带来破坏性灾难。

毋庸置疑,在信息如此发达的当今社会,靠个人努力、单打独斗取得成功的可能性越来越小,团队合作越来越重要。为了孩子的健康成长,也为了孩子有一个美好的未来, 父母必须要让孩子时刻警惕上述四种现象的出现,同时悉心学习团队合作的原则和技巧,只有这样,孩子才能够真正融入以合作共赢为主题的现代社会。

竞争中合作，合作中竞争

合作与竞争，不是水火不容的关系，而是相互依存，你中有我，我中有你。

在合作中竞争的内涵有两个方面。一方面，团体的通力合作，鼓励各个成员间相互竞争；另一方面，成员间相互竞争，促进团体竞争力的提高。

孩子与孩子之间，合作与竞争的关系也是并存的。许多父母总是教孩子与人竞争，希望自己的孩子超过他人。的确，竞争具有一种神奇的力量，能够调动孩子的积极性，激发孩子的上进心。

来看一则事例：

上海的陈先生过去因为儿子学习成绩差，经常和妻子吵架，二人不仅互相埋怨，还要同声共气地训斥儿子是"笨蛋"，结果儿子的学习越来越差，最终有一天，落到了全班的最后一名。起初陈先生很气愤，又想好好地教训一顿儿子，可冷静下来一想，生气也没有用，不如换一种方法试试。于是他接过儿子的考试卷，微笑着对儿子说："太好了，儿子！这回你就不会再有什么负担了！"

儿子听了这话，一下子摸不着头脑，小心翼翼地问道："爸爸，您是不是气坏脑子了？"陈先生闻言大笑道："你这小子，老爸有那么没心胸吗？我只是想通一个道理。儿子，你想想啊，一个跑在最后的人还能有什么负担呀，你不用再担心别人会超过你，你只要往前跑，那就是在进步！"

儿子听完后大受启发，一想，是这个道理啊，在寓言《龟兔赛跑》里，乌龟还能跑第一呢！于是，他心里高兴起来、轻松起来。第二次考试，他的成绩是全班的第15名。

这次，陈先生更是满面笑容了，他拿过考试卷兴奋地对儿子说："太好了，儿子！比上回已经前进十几名了！"听了这话，儿子很高兴，也产生了继

在成长中培养好品质

续前进的动力。

　　紧接着的第三次考试,儿子考到了全班的第五名,陈先生激动地说:"太好了!儿子,你真了不起!离第一名就差 4 个人了!"

　　"后来,我儿子的成绩一直是全班第一名!"讲到这里,他的脸上洋溢着一种满意的笑容。

　　现在的大多数家长最关心的往往是孩子的学习成绩,最高兴的是孩子在考试中能取得好成绩。这种片面强调分数竞争,忽视合作精神培养的现象是很有害的。事实上,不管是竞争还是合作,都是非常重要的。孩子不会与人合作,对其将来非常不利。

　　美国一位经纪人、谈判高手斯腾伯格认为,只要你有合作的精神,对手往往可以成为朋友。他总结自己的经验,认为化敌为友的办法主要有:

　　(1)与分享自己价值观的人密切合作;

　　(2)尽可能多地向对手学习;

　　(3)创造一个合作而冲突的气氛;

　　(4)在面对威胁时,表现出不畏惧;

　　(5)学会聆听,习惯于沉默,避免妥协折中;

　　(6)绝对不要将一个看来要失败的争论推向极端;

　　(7)发展关系,而不是征服。

　　作为父母,我们的责任就是要教育孩子端正竞争心理。竞争目的主要在于实现目标,而不在于反对其他竞争的同学。父母要教孩子把其他同学作为学习上的竞争对手,生活上的合作伙伴,千万不可一味地把他人当成竞争对手和敌人,不顾一切地对立他人。这种思想是不健康的。

　　同时,父母应该认识到,人类社会无处不有竞争,21 世纪是充满竞争的世纪,又是协同合作的世纪。竞争与合作,是每个人都面临的共同课题,孩子要学会在竞争中合作,在合作中竞争,竞争合作双赢。所以,父母不仅要鼓励孩子竞争的意识,更要教给孩子与人合作的技能,教育孩子考虑集体的利益,学会在关键时刻要约束个人的行为,牺牲个人的利益。如果孩子缺乏这种意识或者精神,与人合作是不可能成功的。

让孩子在游戏中学会合作

孩子是在游戏中成长起来的。孩子在玩中愉悦身心，增进知识，学习合作，特别是一些社会性的游戏，如"过家家""小医生""捉强盗"等，在促进孩子的社会意识和心灵成长方面具有重要作用，尤其是锻炼了孩子的协作精神和同情弱小、尊重他人的品质以及坚持到底的勇气。而这些良好的品行仅靠成人说教是培养不出来的，难怪有人说："孩子的游戏是孩子的教科书，是学习实际生活的途径。"

事实上，孩子合作精神的萌芽大多也是在与同伴的游戏中。

孩子的游戏大多是集体进行的，许多孩子分成几组，按照规则以小组为单位争胜负。这就要求同一小组的孩子必须齐心协力，共同合作才有可能取得最终的胜利。如果孩子自以为是，不顾别人，其他孩子就不愿意再与他一起玩，他就会感受到孤独的滋味，从而想方设法与其他人去合作。

日本人就非常重视在游戏中培养孩子的合作精神。在日本的儿童体育教育中，个人项目很少，基本上都是集体项目。因为日本人希望通过集体性的游戏来激发孩子们合作的精神。

其中有一个叫"人工桥"的游戏是这样的:

全体学生弓着腰,拉着手,形成一个人工桥,其他学生就在这个"人工桥"上踏过去。这是一个非常感人的场面,做桥的孩子们都弓着背,让自己小组的选手往上跑,一个接一个。跑过后的孩子则在队伍前面弓下腰,再来充当人工桥。这个游戏需要较强的合作精神,每一个做人工桥的孩子都要站得牢,才能让其他孩子从自己的背上跑过去。

也许父母会心疼孩子被别人踩,但事实上,孩子在这个游戏当中却学会了怎样与人合作。

在游戏中培养合作精神,需要父母做出一定辅助,下面就是父母应该做也很容易帮孩子做到的一些事情:

一、给孩子安排一些同伴,组织小组活动

幼儿园中老师常安排几个小朋友组成一组,共同完成一幅画、一个手工作品等,然后在各小组之间比赛。父母也可邀请些孩子到自己家里来玩,并带他们一起做一些集体游戏。在这些活动中,必须制定一项规则,即不可相互责备。

二、选择大型玩具提供几个孩子一起玩

实验发现,几个孩子在一起时,如果提供给孩子的是一些可独占的小型玩具,那么孩子们一般较少合作,而是各玩各的。如果提供的是大型玩具,孩子们便会主动聚在一起玩。因此,大型玩具有助于推动孩子间的合作。在共同合作中,帮助孩子去发现别人的优点和"贡献",并让孩子喜欢别人的优点,感谢别人所做出的"贡献"。

三、道歉和勇于承担责任是合作的催化剂

如果孩子在游戏活动中出了错,父母应鼓励他勇于承认并道歉,并对孩子的这种勇气表示欣赏。

第十章

智慧——智慧总是优于实力

玩,打开智慧之门的钥匙

在成长中培养好品质

孩子的"智商"与"情商"是现代父母都很关注的两个方面,可是,在孩子心中,或许更愿意父母培养他另外一种能力——"玩商",即孩子对玩耍的参与及收获。

玩,是打开孩子智慧之门的钥匙

每个孩子都喜欢玩具,每个孩子都爱玩游戏。父母们是否还记得自己孩提时代玩耍时的样子吗?那时,你会为得到一本新的连环画书或一样盼望已久的新玩具而欣喜若狂,同时,在兴奋异常的感觉背后,你还会发现自己有一种强烈的、想学习的渴望。

孩子通过玩耍来探索世界,汲取智慧,这是他们与生俱来的学习驱动力。父母要学会鼓励孩子聪明、巧妙、愉快地玩。发展孩子的"玩商",不仅能帮助孩子多学知识,还可使他们愉快地生活,与别人和谐相处。

心理学家塞德兹认为,在教育上最重要的是不要胡乱给孩子灌输术语和公式,而要诱导他们自由地发挥出潜在的智慧。而对于孩子来说,最佳的诱导方式当然是玩。

一次,小塞德兹独自一人在院子里玩耍。他喜欢玩"开火车"的游戏,就是把一些木块连成一串当"车厢",他在前面拉着"车厢"冒充"火车头"。他做这个游戏做得很认真,不光要像火车那样发出呜呜和哐啷哐啷的声音,还要负责在到站时报站名,招呼想象中的"旅客"上下车。

这天,小塞德兹突然想到要增加几节"车厢",使这个"火车头"能带领更长的火车。可是带钩子的小方木块都用完了,怎么办呢?小塞德兹想到了刚刚买回来的磁铁块,用绳子拴在最后面,刚刚合适。

他拴好一块磁铁，又拿来另一块。可是，好像突然着了魔一般，那块磁铁怎么也不肯乖乖地跟在第一块的后面。他一把它放到后面，就有一股力量将他的手弹开。小塞德兹用尽了全身的力气，可是那两块磁铁怎么也不肯吸在一起。

小塞德兹呆呆地看着手中的两块磁铁，好一会儿，他忽然大叫起来："爸爸，爸爸，快来看呀，这两块磁铁里住着两个小精灵!它们不愿意在一起。它们闹别扭了，谁也不理谁。"

塞德兹忍住笑说："傻儿子，这可不是什么精灵，这是磁力的一个重要原理，磁铁分为正极和负极，而且'同极相斥，异极相吸'。你手上这两块磁铁都是正极，当然会因为相斥而弹开啦。"

"真的吗？"小塞德兹怀疑地说。

"不信?你拿那一块磁铁过来，对，就是缺了角的那块。这块磁铁是负极，你再试试看，它们会吸到一起的。"

"真的!"小塞德兹觉得有趣极了，他的问题立即成串地出来了，"正极和负极是什么东西？磁铁为什么要分成正极和负极？为什么正极和负极就要吸在一起呢？"

塞德兹趁机教了他很多知识，因为这些知识都是与游戏紧密结合的，所以小塞德兹学习起来毫不费劲。

为了开发儿子的想象力和创造力，塞德兹设计了各式各样的游戏。例如，他曾经送给儿子一个小玩具，用橡皮筋做动力可飞入空中。小塞德兹非常喜欢，马上就联想到它与飞机的相似之处。他照着这个玩具仿制了几个，都能成功地飞起来。小塞德兹正是在这个玩具的启发下，明白了飞机飞上天的原理，从而开始制作航空模型。

就是这样，通过不断地游戏和动手玩耍，小塞德兹打开了自己的智慧

之门。当后来人们称赞他多么富有智慧时,孰不知,他的智慧都是"玩"出来的啊!

玩,带给孩子的益处实在太多了,不仅仅是启发孩子的智慧:

(1)通过玩耍,孩子能了解自己的周围世界。

(2)在玩耍中孩子能增长与其他人积极相处的能力。

(3)通过玩耍,孩子学会以适当的方式关注别人。

(4)玩耍能培养孩子集中注意力的能力,为今后的学习打下基础。

(5)玩耍能促进双侧大脑半球——左半球和右半球的发育。

(6)在玩耍中孩子能发展其天生的好奇心,锻炼其解决问题的能力,培养其自主性。

虽然如此,对于孩子的玩耍,父母也不能放任不管,有一些事项父母必须注意:

(1)要允许孩子选择他自己的玩耍方式,允许他充分地研究和探索玩具,即使方法不对也不要去干涉,除非他要求,才去帮助他。这对孩子的健康成长很重要,死板的规定会阻碍孩子的好奇心和创造力。

(2)在你打算让孩子结束玩耍,转而让他吃饭、睡觉或外出的时候,要记得设法早些提醒孩子,让他有充足的时间高高兴兴地结束玩耍。这能使孩子感到我们尊重他的玩耍,促使他乐于合作。

(3)为孩子准备好固定的存放玩具场所,每次玩耍结束时要求孩子自己收拾好玩具。

(4)如果可能的话,每天都要花一点时间与孩子一起玩一会儿。

培养孩子善于提问的好习惯

质疑是智慧的引线,是天才的体现,是孩子提高学习成绩的必要途径。

然而,有人认为孩子提出质疑是在故意刁难自己,给自己出难题。出于自尊心的需要,他们把孩子的质疑强压回去,并加以嘲笑、讽刺。

某小学三年级语文课上,老师正在讲王之涣的《登鹳雀楼》。"白日依山尽,黄河入海流……"

一个学生举手问道:"老师,太阳落山时,都是红红的,可这首诗为什么写'白日依山尽'呀?应该是'红日依山尽'呀?"老师看了看教科书,张口结舌,不知所措。突然,老师瞪圆了眼睛对着学生吼道:"捣什么乱?王之涣不如你,怎么没见你的诗歌选入课本呀!"教室里哄堂大笑,这个学生红着脸,低着头坐下了。以后,他再也不敢向老师提出问题了。而全班同学见此情景也都明白了一个道理,那就是对老师讲授的东西不能有半点怀疑。

能够质疑或有新的想法,表明孩子用了心思,进行了认真思考。北宋学者程颐说过:"学者先要会疑。"意思是说,学习首先要会提出疑问。不管孩子提出的问题多么天真,我们都应该报以鼓励的态度,保护孩子的这种用心思考的精神,提高孩子的学习兴趣和学习的自觉性,而不是斥责孩子,打击他们的积极性。

对于现在的大部分父母来说,孩子不问问题已经是司空见惯、见怪不怪的事了。据调查,中国 8～15 岁的孩子,有 74.63% 觉得:"不知道该问什么。"或者是"该会的我都会了。"对于这个现象,父母们虽然心里觉得孩子不问问题是不太好,但又觉得只要把老师讲的记住了,考试时能考个高分,不问问题也罢,反正又不会有什么损失。

然而,事实真的是这样的吗?

问题一:孩子不问问题,只要把老师讲的记住了,考试时就真能考个高分吗?

只要你留意一下,你就不难发现,学习好的学生,都是问问题多的学生!为什么呢?原因很简单:"主动接受"比"被动接受"的效果要好得多。因为前者顺着问题又更进了一步,了解得多了,对问题本身的理解就会深入得多。虽然都是"接受",但前者因为问了问题,获得了更多、更深入的知识,所以,无论是记忆的牢固程度,还是在对问题的理解程度上,后者总是不如前者。

所以,从考试的分数上来看,不问问题的孩子的分数即使有时比较高,那也是偶然的,经不起时间的考验。从整体来看,还是问问题的孩子的分数高,不问问题的孩子即使把老师讲的记住了,那也是暂时的,而且有可能是片面的。

比如,提起我们中华民族五千年的灿烂文明,人们往往就想到了四大发明。一般人都是尽义务一般,将其"刻"进脑子里,不会再对此进行追问。但在一位历史老师讲到这里时,一个孩子问道:"老师,你说火药是我们中国人的祖先发明的,那我们打仗的武器应该是最先进的。可是,课本上八国联军侵略中国的时候,为什么八国联军用的是先进的洋枪洋炮,而中国的义和团用的却是大刀长矛?"这个问题很好,说明这个孩子很注意观察,而且善于思考问题、提出问题,所以,当老师把中国的火药技术如何外流、清政府如何闭关锁国、夜郎自大等一一讲清楚后,这个孩子就不仅仅记住什么是我国的四大发明,而且增加了更多的历史知识,而这是那些不问问题的孩子所无法获得的。

问题二:孩子不问问题,行吗?

假设一下,如果我们都不问问题,那么社会如何往前发展呢?哪一项伟大的发明或发现,不是因为我们先辈不断地研究"为什么"?如果没有蔡伦问:"为什么不能用廉价、轻便的东西代替丝绸或竹简来写字呢?"这个问题,我们今天能凭借这雪白的纸,一起来探讨如何教育孩子的问题吗?如果人类的智慧只是局限在当时的用丝绸或竹简来写字,知识不能够得到最大限度的传播与交流,那么会有我们科技的无限发展吗?

或许你又要说,他们都是科学家,当然要问为什么了!我孩子又不是!难道他们天生就是科学家吗? 当然不是!通过各种传记我们不难发现,在这些大科学家、大学问家的身上,无不有着相同的一点,那就是:遇到自己不明白的,都要问个为什么,直到把问题搞明白,就是这探询的过程,往往促进了伟大的发现或伟大的发明。伟人和凡人的区别其实很简单,那就看你是否会问问题!

所以孩子不问问题,基本上就可以断定:你的孩子与"伟人"无缘,不会在人类文明的大厦上添砖加瓦!

有可能你对别人的"天才教育""神童教育"无动于衷,因为你对孩子的要求并不高,只是想让他做一个平凡的人,所以就无须去问为什么了。其实,这个想法没有理解这其中的意思,我们不可能人人成为"伟人",但我们同样应该拥有优秀的品质,因为如果没有这一个品质的话,连一个凡人都有可能做不好!

问题三:孩子不问问题,该怎么办呢?

对于孩子不问问题这个问题, 有的家长把其原因归结为孩子性格内向,其实这是片面的看法,人的性格固然有内向和外向之分,但无论是内向还是外向,他都有问个为什么的自然动力,因为这是孩子的天性。所以孩子的起点是一样的,任何借口都只是强词夺理!

那么,为什么会出现不问问题的孩子和问问题的孩子呢? 问题出在孩子的婴幼儿时期!

2006 年进行的一项调查表明: 在设定的孩子拆装闹钟的具体情境中,高达 41% 的家长会对孩子训斥、警告。对孩子的提问,53% 的家长会不耐烦、不屑于回答或敷衍。那么你呢? 你是否对于孩子那莫名其妙、无法回答、没有答案的问题,表现出上面的情况呢? 如果有,在一次又一次的不耐烦、不屑于回答或敷衍中, 你的孩子还会再去问问题吗? 结果是很显然的,所以,提高认识,防微杜渐,不要在孩子已经成型之后再去买后悔药,而是应该善待孩子的好奇心、提出的问题,尽自己的可能去回答孩子的提问,根据孩子不同的年龄和认识事物的不同程度,来告诉他不同的答案。千万不要

认为自己回答不上来孩子的问题，就是对家长权威的挑战，遇到这样的情况，你所要做的，是放下家长的架子，和孩子一起去研究问题。比如：你的孩子问了一个和当年牛顿问的同样的问题："为什么苹果从树上掉下来，会落到地面，而不是飞到天上去？"你会怎么回答呢？是说："你哪儿那么多事，哪儿凉快哪儿待着去！"还是说："这个问题牛顿早就研究出来了，原因是地球的引力作用，这个规律叫牛顿万有引力定律。"如果你是这么回答，那你的孩子的好奇心还是不能完全满足，因为他理解不了。

这时，你就应该想一想，怎么解释，孩子才会明白呢？这当然应该从实际出发，而不是套用别人的模式。比如，如果你的孩子比较小，还不知道什么是吸引力的时候，你可以找一块磁铁，让孩子看一看，把一个小铁钉靠近磁铁，小铁钉往哪儿跑呢？地球就好比是磁铁，而苹果就好比是小铁钉，小铁钉跑到磁铁上去，苹果当然要跑到地球上来了。至于这是什么原理，等到孩子明白什么是磁铁的引力时，再跟他解释。

另外，千万不要认为自己忙或烦，就忽视或粗暴地对待孩子的提问，将孩子的前途和命运视同儿戏，错过培养孩子的大好机会，要知道，你的孩子有可能就是牛顿、爱迪生、蔡伦！

说到这里，多数家长或许会说："我已经错过培养孩子的大好机会，到哪里去买后悔药呢？"后悔药当然是没有的，但也并不是说无药可救了，只要努力，局面还是可以挽回的。

孩子之所以不问问题，一是因为好奇心没有得到满足，二是因为思维惰性。所以，如果要补救，先要让孩子对问问题的重要性有足够的认识，然后，鼓励孩子大胆地去问，去想，去探究。在孩子试着这样做之后，要及时地鼓励，当然，也要切合实际，切莫走向极端。

事实上，能够提出疑问是创新思维的源泉。对于一切总是不经思考就继承，把自己的大脑作为装知识的篓子，这样的孩子是永远无法真正进行学习的。

大胆想象，放飞智慧的翅膀

想象力是智慧的翅膀。想象是在外界现实刺激的影响下，在头脑中对记忆的表象（表象是外界事物在人的头脑中留下的影像）进行加工改造，从而形成和创造新形象的心理过程。比如说，我们读古诗《敕勒歌》："敕勒川，阴山下。天似穹庐，笼盖四野。天苍苍，野茫茫，风吹草低见牛羊。"在我们脑子里就会出现一幅非常壮美的图画，而且每个人脑子里的图画都各不相同。这就是每个人想象的结果。有了想象，才会有创造，才会体现出智慧。

马可尼发明了无线电，是惊人想象的实现。这个惊人想象的实现，使得航行在惊涛骇浪中的船只一旦遭受到灾祸，便可利用无线电，发出求救信号，由此拯救万千生灵。

电报在没有被发明之前，也被认为是人类的想象，但摩尔斯竟使这想象得以实现了。电报一经发明，世界各地消息的传递，从此变得便利。

史蒂芬孙通过想象发明了火车机车，使人类的交通工具大为改观，人类的运输能力也得以空前地提高。

著名理论物理学家、1969年诺贝尔物理学奖得主盖尔曼说："作为一名出色的理论物理学家，想象力很重要。一定要想象、假设，也许事实并不是这样，但是这样可以使你接着往前研究。想象力需要论证来做支撑，他们需要确立大家已经接受的公理，悄悄地溜进这些公理中去，然后寻找新的发现，只有这样才能取得进步。同时，理论科学家也必须忍受你当初假设的理论不能获得论证的结果，这样你就要怀疑过去的事情。创造力是最为重要的一个方面，这样你才可以有新的角度去观察事物，重新来创立一些东西。要让你的思想摆脱以前创立的理论，这才是最重要的。"

大科学家爱因斯坦说："想象力比知识更重要。因为知识是有限的，而

想象力概括着世界上的一切,推动着进步,并且是知识进化的源泉,严格地说,想象力是科学研究中的必要因素。"

可以说,没有想象,就没有电学的发展;没有想象,就没有飞机的上天;没有想象,就没有"飞流直下三千尺,疑是银河落九天"的千古名句。而想象并非科学家、艺术家们所独有,它同样存在于中小学生的一切学习活动之中。没有想象,就难以形成应用题的解题思路;没有想象,就无法进行任何带图形的理科学习;没有想象,就不能理解所有文学作品中那优美的自然风光和浓厚的风土人情;没有想象,就不会作文、绘画;没有想象,就不可能树立起远大的理想。可以说,想象是激发知识的一种源泉,是促进智力发展和身心健康成长的一种酵素。如果没有想象,人就不可能有创造发明,不可能有任何预见。

一般来说,想象包括无意想象和有意想象。无意想象是没有自觉目的,不需要付出努力的一种想象,对孩子的智力发展意义不大。有意想象是有自觉目的,需要孩子做出一定努力的想象,它是孩子智力的一部分,能直接促进孩子智力的发展。

有的父母认为,孩子会想象没什么意义,这种观点是不正确的。鲁迅是这样评价孩子的想象的:"孩子是可以敬服的,他常常想到星月以上的境界,想到地面以下的情形,想到花卉的用处,想到昆虫的语言,他想飞上太空,他想潜入蚁穴……"事实上,孩子的想象力有时候是足以让我们这些自以为是的成人感到惊叹的。曾经有一位6岁的小姑娘,因为画出一幅畅想未来到月亮上荡秋千的美术作品,从而荣获了联合国举办的世界儿童绘画比赛一等奖。因此,父母一定要重视培养孩子的想象力。

下面介绍几种培养孩子想象力的方法。

一、丰富孩子头脑中的表象

人的想象总是以自己头脑当中的表象为基础。表象是外界事物在孩子头脑中留下的影像,它们是很具体的、很形象的,是想象的基础材料。想象就是大脑在外界条件的刺激影响下,对头脑中所存储的表象进行加工改造,从而形成和创造新形象的心理过程。比如,当老师朗读一篇优美的风景

散文时,每个孩子的脑子里就会出现一幅非常美丽的画面,但是,每个孩子脑子里的画面是各不相同的。这是因为,孩子们在想象的时候,需要借助各自存储在脑子里的表象进行加工和创造。如果头脑中的表象积累越多,孩子能够用来进行想象的资源就越多。

因此,父母在日常生活中要引导孩子多观察、多记忆形象具体的东西。父母要根据孩子的年龄大小和生活环境,经常利用节假日,带着孩子去接触新鲜的事物。例如,带领孩子去博物馆参观,参加各种公益活动,带领孩子去郊外游玩,指导孩子仔细观察各种事物,都可以让孩子记住许许多多的表象。

孩子认识的事物越多,想象力可能越丰富。如果父母只指望孩子通过课本来学习,是无法养成良好的想象习惯的。为了让孩子记得又多又准确,父母可以引导孩子用语言描述出来,或者以日记的形式记下来,这些都是孩子进行想象的重要资源。

二、让孩子积累词汇

想象虽然以形象形式为主,但是需要用语言或文字将想象的内容表述出来,词汇在这里起着很重要的作用,词汇量大的孩子能很顺利地表述一件事情,词汇量贫乏的孩子则常常由于找不到合适的词汇而中断想象。一个孩子如果词汇量不大,他在自己极度兴奋的时候,就只知道用"高兴"来表达,且再也找不到其他的词语了。

因此,父母应该引导孩子有意识地积累词汇。比如,多给孩子提供一些富有幻想色彩的书籍,如童话、科幻作品、神话、寓言等。父母可以给孩子准

备一个专门用来记录文学名句、名段的摘记本,随时把阅读中遇到的名句、名段摘抄下来,在空余时间多翻阅摘记本,巩固这些词汇。这样,孩子的词汇量就会在不知不觉中扩大了,在想象时就可以顺利表述心中的想法,从而促进想象力的发展。

在家庭中,可以搞一些诸如故事接龙之类的游戏。美国著名儿童智力发展研究专家简·希利认为,鼓励孩子编故事不仅是一种语言训练,更重要的是帮助孩子运用自己的想象与推理能力,得到出乎意料的结论。父母给孩子讲故事时,不妨在讲到一半时,让孩子根据前面的情节续接故事。父母要鼓励孩子编故事,并把故事记录下来。这种海阔天空的想象可以帮助孩子建立良好的自我形象,也可以提高孩子们的想象能力。

三、用游戏启发孩子的想象力

爱做游戏是儿童的本能,对于孩子的自发游戏,父母应该给予关注,善于引导孩子通过做游戏来发展想象力及其他能力。

一位老师在给一群9岁的学生讲解轮船的发明时,也充分运用了游戏来启发孩子的想象力。老师先问孩子们有没有见过轮船,孩子们都说见过。老师再问孩子们:"那么你们知道轮船有什么作用吗?"孩子们回答:"可以载东西。"

然后,老师端来一盆水,并把一只鞋子放到装满水的盆子里,鞋子漂了起来。老师问孩子们:"如果我们把水盆看成大河、大江和大海,那么鞋子就是什么?"孩子们回答:"轮船!"老师又问:"你们知道古人是如何发明轮船的吗?"孩子们都摇了摇头。于是,老师给孩子们讲了古人看到漂浮在水上的木板后,想到用木板来制作小船,并由此发明了轮船的故事。后来,人们又学会了运用钢板来制造轮船。

孩子们在老师的讲解中,想象力也随着老师的讲解而调动起来,这对他们想象力的培养是非常有利的。

四、鼓励孩子幻想

父母要鼓励孩子进行幻想，哪怕有时候孩子的幻想具有常识性的错误，例如，孩子想让鱼在天空飞翔，让人在海底生活等。父母没有必要非要去纠正孩子，因为，孩子正是因缺少常识的限制才可以想出一些成人想不出的想法来，而这些想法就有可能促使孩子去做各种尝试来验证自己的想法，在这种行为过程中，孩子就有可能得到一些新的认识与结论，从而更加激发自己的想象力与创造力。

让兴趣点燃智慧的火把

兴趣使人集中注意力，产生愉快、紧张的心理状态，对认识过程产生积极的影响，兴趣是人们增长智慧的强大动力。

爱因斯坦 4 岁的时候，他的父亲送给了他一个指南针当作生日礼物。指南针无论怎么摆放，那个指针总是指向正南方。爱因斯坦对这个现象产生了强烈的好奇，父亲正是通过引发孩子的好奇心而激发了爱因斯坦对科学的兴趣。爱因斯坦在自传中回忆自己所走过的道路时，特别提到了这件事给他的生命带来的影响。他认为，思维世界的发展在某种程度上说就是对好奇的不断摆脱的过程。

兴趣是人类的创造力得以发挥的前提，是获取成功的最强大的动力。试问，一个人如果对某一件事情不感兴趣，他怎么可能取得想要的成功。大多数的伟大成就都源于强烈的兴趣，因为要取得伟大的成就，一定要付出别人从来想象不到的努力。如果没有兴趣这一强大的动力支持，除非是一个不为自己而活的人，否则很难有人完成如此艰苦的任务。

提出进化论的伟大生物学家达尔文从童年时代就对大自然的各种现

象产生了强烈的好奇。中学时代，他对大自然的兴趣越来越强烈，开始搜集各种动物和植物，然后认真地制作成标本。中学毕业以后，达尔文应父亲的要求去了爱丁堡大学学习自己并不感兴趣的医学，因实在没有兴趣而中断了学业，后来又转入剑桥大学学习神学。但达尔文仍然把大量的时间花在了阅读生物学书籍和采集动植物标本上。达尔文在自传中回忆说："在剑桥的时候，没有一项工作比搜集甲虫使我更为热心，更感兴趣了。"后来也正是这种对生物学的强烈兴趣驱使他在1883年登上"贝格尔号"军舰，开始了举世闻名的环球考察，最终出版了他的巨著《物种起源》，这本书改变了人类对自我的认识，使人类知道了各种生物和人类的起源以及进化的过程。可以说，《物种起源》对人类世界产生了深远的影响。从这里可以看出，达尔文所取得的伟大成就与他对生物学的浓厚兴趣是分不开的。

开发孩子智力一定要注意激发孩子的兴趣。家长在选择、发展、培养孩子的特长时一定要和孩子的个人兴趣结合起来。学习一定要有兴趣，而兴趣对一个孩子的观察力、注意力、想象力，包括他的好奇心，都有决定性的推动作用。

家长可以有针对性地给孩子买一些相关的科普书籍，如《十万个为什么》《少年百科全书》等，这些能使孩子对书中的科学技术方面的知识产生浓厚的兴趣。

另外，因为孩子天性活泼好动，喜欢玩水、玩沙子、捉蝴蝶、捕蜻蜓等，这些都是孩子天生的、自发的兴趣。这些兴趣也是孩子认识自然、认识社会

的基础,所以,家长不妨多带孩子到大自然中去,让孩子充分融入大自然,以满足孩子多方面的兴趣,为孩子创新能力的开发奠定基础。

孩子的发展应当是全面的。父母培养孩子首先要发现孩子的兴趣与爱好,不能使孩子变成一个学习的机器,而应当使他得到全面的发展。当孩子一旦对某一方面或某些事物入迷之后,他就会以惊人的勤奋和毅力去从事这件他所热爱的事情。一旦他们步入了这一轨道,他们潜在的才能就能够得以充分发挥,这种发挥是迅速而惊人的。

相反,孩子的兴趣和热情一旦泯灭,他们潜在能力发挥的余地就会越来越小。

所以,我们每一位父母都不能随意践踏孩子兴趣的幼芽,要从小注重孩子兴趣和热情的培养,以便孩子的潜在能力得以正常发挥。

如何正确对待孩子的兴趣,父母应该注意以下几个问题。

一、承认孩子有爱好的权利

做父母的就是要承认每个人可以有自己个人的喜爱和兴趣。作为孩子,他们也有拥有自己的爱好和兴趣的权利,父母不应该随便干涉。

二、不要逼迫孩子

父母不要指望通过逼迫的手段令孩子屈服,这样做往往是适得其反的。

三、对孩子的兴趣不要过早地做定论

不同性格的孩子,他们的兴趣维持时间也不一样。有的孩子具有某方面的天赋,一旦对某一事物发生了兴趣,就坚定不移,一直喜欢下去;有的孩子兴趣广泛,很容易对某一事物产生兴趣,但维持的时间不长,很快又转移到其他事物上。所以,父母不宜对孩子的兴趣过早定向,这样容易造成把孩子不感兴趣的事情强加到孩子身上。

四、尽量尊重和善待孩子的兴趣

在今天这样多彩多姿的生活里，人的个性和兴趣得到较充分的发展。父母应该允许孩子自己选择兴趣，当然在承认与尊重的前提下，父母还是可以进行适当的引导，培养孩子高尚的趣味和情操。

第十一章

读书——腹有诗书气自华

读书铸就人生的辉煌

关于读书,有这样一句俗语:"能闲世人之所忙者,方能忙世人之所闲。"这里所谓的闲事,就是读书学知识,培养自己独特的眼光。父母应该让孩子明白这样一个道理:只有多读书、读好书,做有知识有眼光的人,才能每遇大事冷静面对,伺机而动,进而成就别人无法企及的事业。

读书好处多多:可以增长见识,陶冶性情,使人的情感更加细腻,气度更加不凡。诸葛亮曾这样描述人生的最高境界:"非淡泊无以明志,非宁静无以致远。"而要达到这种境界,前提就是读书。

对于孩子来说,多读书就等于把生活中平常的时光转换成了快乐的时刻。

不仅如此,读书还能弥补孩子的不足,甚至可以铲除一切心理上的障碍,正如通过适当的运动可以矫治身体上的某些疾患一样。

士别三日,当刮目相看。这个典故讲的就是读书的功用。三国时期,吴国大将吕蒙出身贫寒,自小就为人家放牛,不通文字,参军后,因作战勇猛而受到破格提拔,但却因为不识字经常被同僚讥笑。后在国君孙权的劝说督促下,用心苦读,终于成为智勇双全的一代名将,不再是当年的"吴下阿蒙"。

人类社会中的诸多杰出人物往往以寻求真知为己任,常常沉迷于书海中乐而忘返。

孙中山先生一生博览群书,知识渊博。不仅好读书,而且好问,遂有"通天晓"之名。

1920年毛泽东在上海,他的居室中堆满书刊,每日回家便埋头读书看报,在他周围的一批湖南青年都称他为"毛夫子"。

鲁迅年轻时发愤求学，潜心苦读，他购书数千卷，日夜攻读，学识日长，几乎达到"心通中外千年史，胸藏古今万卷书"的博学程度。他常常以烧饼充饥，辣椒御寒，节衣缩食省钱购书。因为学习成绩优秀而获得的勋章，鲁迅也都拿去换书，从不保留。

有时，一本好书甚至能够影响到一个人的整个人生。

据说《天路历程》的作者、英国作家班扬平生只熟读一本书——《圣经》。而正是这本书影响了他一生的文学创作。《天路历程》是17世纪英国文学史上的重要作品之一，它以寓言的形式反映了英国王朝复辟时期的社会情况，讽刺贵族阶级的荒淫和贪婪，同时也宣扬了作者的清教徒信仰，由此可见《圣经》对他的一生有着多么大的影响。

法国当代著名女作家和戏剧家弗朗索瓦·萨冈，曾满怀感激之情地回顾加缪的《反抗的人》一书对她的影响。在14岁时，萨冈亲眼目睹了一个与自己年龄相仿的小女孩的夭亡，她无法原谅上帝竟允许这件事的发生，因而不再信仰上帝，陷入可怕的精神危机之中。恰在这时，她读到了加缪的《反抗的人》，由此发现了一个新的精神世界：尽管没有上帝了，但是还有"人"，你不用信仰上帝，却必须信仰你自己，相信人类的天性，相信人类能够主宰自己的命运。她热切地走进这个崭新的精神世界，重新建立起自己的信仰。她由此意识到文学的神圣意义与崇高使命，并在日后坚定地选择了文学创作之路，决心以此帮助那些在人生旅途中迷惘、焦虑的人们，帮助他们飞越精神的荒原与樊篱。

当代许多成功人士在回顾自己的成长道路时,也常常将人生一些最真诚、最辉煌的瞬间与一本或几本好书联结在一起。一本好书能够给予一个人最初的人生启蒙甚至终生的影响,由此可见,读书对一个人有着多么大的影响!

读书铸就人生的辉煌,这其中自然包括铸就优秀的品格,对于父母来说,要想培养一个具有优秀品格的孩子,就必须让他学会读书。

帮助孩子找到读书的乐趣

毫无疑问,读书是人生最大的乐趣之一,对孩子来说就更是如此了。孩子正处于对知识极度渴求的阶段,而读书则是获得知识的最佳途径,所以,客观地讲,没有一个孩子是不喜欢读书的。

可现实中,为什么有的孩子就是不喜欢读书呢?原因就在于这些孩子还未发现读书的乐趣。

读书离不开乐趣,对不喜欢读书的人而言,一本书只不过是在半磅的纸上添了几盎司的油墨而已。几个小时毫无表情地枯坐书前,有何乐趣可言呢?

然而,对喜欢阅读的人来说,这些许的油墨就足以让他们的思维云游到足迹以外的另一个时空——其中有知识、智慧、欢乐、忧伤……

不可否认,现实生活中,确实有许多人将读书当作一种负担,其中也包括一些孩子。我们经常可以看到这样一种现象,父母希望孩子能多从书本上吸收知识与智慧,孩子却宁可把时间花在看电视和玩电动玩具上。对于孩子来说,没有乐趣,是绝对不会读好书的。

那么,做父母的应该如何让孩子明白读书的重要,享受读书的乐趣呢?

首先,父母不妨根据孩子的性格特点来给他读相关的故事,以此培养孩子读书的兴趣。譬如,对于活泼好动的男孩,可以给他找一些精彩的竞技故事;对于争强好胜的孩子,可以给他读一些军事题材的故事;对于安静内向的孩子,可以给他读一些哲理性较强的故事……

　　其次,父母要确定一本书是否适合孩子的理解程度。不可否认,博览群书的确可增进见识、增长知识,但这是对喜欢读书的孩子而言。对不喜欢读书的孩子来说,艰涩的词汇只会让他们感到自己能力不足。然而,若能从简

单有趣的书籍读起,他们就将不再敌视书籍。

　　最后,一旦你发现一本既浅显又吸引人的书,就应该把它介绍给孩子。但光是给他当作功课或是礼物是不够的,恰当地做些介绍将会帮助他决定是否愿意读这本书。最简单又有效的办法就是大声朗读前几章。对年幼的孩童来说,大声朗读是培养他读书兴趣的最好方法。不仅如此,此法对不喜欢读书的青少年也有行得通的时候。因为孩子在享受一本好书的同时,也深切体会你对他的关怀。

　　下面是培养孩子读书兴趣的一些小秘诀,父母可以参照使用:

一、使用三步读书测试法

第一步,先读封面。如果主题能吸引人,就直接试第二步。如果不能,就把它搁下,另外找别的书;第二步,读头一章。把书写得引人入胜是作者而非读者的责任。如果读完前 10 页仍觉得作者写得不好, 就该把这本书搁下。反之,如果那本书仍旧吸引你,就进入第三步,那就是翻阅书中的任何一页,找出每个你认为孩子不懂的字。如果在同一页找出了 5 个生字,就把那本书暂搁一旁,因为里面的词汇对他而言可能太难了。让孩子再多读些简易的书,会帮助他日后看懂那本书,就像一个好朋友,日后总会有再见面的机会。

如果一本书通过了上述的三项测试, 而你的孩子又恰好不喜欢读书,那么你就可以向自己孩子保证那本书将会像看电影一样好玩。

二、容许无伤大雅的阅读选择

我们希望孩子能从阅读古典名著、《圣经》和教育性的书籍中陶冶性情、吸取知识,但是就像小孩从断奶到吃固体食物一样,对不喜欢读书的孩子就必须先从轻松的、能引起孩子兴趣的题材开始读起。你只要仔细过滤,即使是一本漫画,也可以让孩子认识到,同样的一个故事在书上比在电视上好玩多了。

三、持续阅读同一系列的书

同一系列的书有一致的角色和一致的阅读水准。当孩子觉得能够应付里面的字汇,并且期待再见到先前故事里的老朋友,愿意读下一本书时,就表示方法奏效,孩子已经开始对读书发生了兴趣。

四、不要勉强孩子读完一本书

如果孩子不喜欢那一本书,父母要允许孩子把它搁到一旁,这样可以给他一些空间,在阅读方面有所选择,并鼓励他们写篇简单的说明,解释该

书为何不能符合他们的标准,这样做不但可帮助孩子思考及评估,也有利于父母了解孩子的内心世界。

此外,在孩子还没有足够的能力阅读一本书的时候,父母还要做到同孩子一起阅读:

(1)创建阅读仪式:留出一段特别的时间作为每日读书时间,把和孩子一起选择"每日一书"变成惯例,然后坐在一个专门的位置读书。

(2)依偎:找一个安静、舒适的地方读书,让孩子紧紧依偎着你,也可以让孩子拿着一个喜爱的玩具,或者是揽着他喜爱的被子。

(3)富有表情地读:注意韵律和节奏,每个角色采用不同的声音,但不要采用"娃娃腔"。

(4)谈论图画:一边指着颜色、形状、小动物或故事中其他有趣的东西,一边谈论。

(5)分享不同类型的书:色彩明快、文字简单的图画书能很好地吸引孩子的注意力,韵律美妙的歌谣能让孩子感到满足开心,辨识物品、动物、颜色、数字、文字的书能让孩子获得基本的概念。还有诸如翻翻书、立体书那样的玩具书,可以让孩子与故事互动起来。

(6)重复读书:婴幼儿喜欢一遍又一遍重复地听。多次读一本书,可以帮助孩子对一些常用词汇熟悉起来。

(7)为你自己录音。读一本孩子特别喜欢的书,用磁带或录音笔录下来,然后播放给孩子听。蹒跚学步的孩子也能用这种方法"自己读书"。

应该给孩子读什么样的书

关于读书的功用,清代的曾国藩等这样说过:"人之气质,由于天生,本难改变,唯读书则可以变其气质。"的确,读书能够改变一个人的想法,从

而改变一个人的气质，对于正处在成长阶段的孩子来说，这种功用更加明显，但这其中存在一个问题，就是读什么书才能达到这种效果。

父母应该知道，对孩子来说，看多少书并不是最关键，看什么样的书，才是真正值得父母关注的核心问题。

记得一位教育名家这样说过，就阅读来说，孩子永远是有理的，就看大人们给他们读什么了？孩子的思想是张白纸，是由着社会的笔墨来随意绘制的。而一个孩子健全的心灵，离不开科学知识、纯洁文字、积极思想的调养。好书，才是孩子们健康成长的良师益友。

著名学者孙伏园曾在《关于鲁迅先生》一文中谈到这样一件事情：鲁迅在听说他的《呐喊》刚一出版就被请进中小学课堂之后，不但不感到高兴，反倒极为沉痛，这是为什么呢？原因就是鲁迅反对将自己这部主题偏于阴冷的作品展示给孩子，尤其不愿意让孩子们读到处处是"吃人"的《狂人日记》。鲁迅先生认为，"中国书籍虽然尤其缺乏，但万想不到会轮到我的《呐喊》。"他进而激愤地说，这本书不但没有再版的必要，简直应该让它绝版。他甚至不想再写这一类的小说了。

人性有真善美，也有假丑恶。就读书而言，父母的确不应该一味地让孩子们去阅读主题光明温暖的图书，不能对孩子隐瞒人世间的丑恶与不幸。但是作为孩子精神食粮的主要提供者，父母有必要首先让孩子们看到光明，体会到庄严，感受到温暖，有义务将最积极最有营养价值的图书推荐给

孩子阅读,让孩子首先学会公平公正,善良仁慈,诚实虔诚……尤其在目前的少儿图书市场下,一些图书策划者在利益的驱使下,把暴力、色情、狡诈、诡计等,都展示给孩子去看,甚至把几十年前私下流传的一些手抄本之类的文字垃圾,都当作敛钱的卖点,作为孩子的监管人,父母更要为孩子把好这一关。

此外,在人类漫长而悠久的历史中,出现过数不胜数的经典图书,父母虽然没必要也不可能让孩子全部读完这些图书,但对于其中一些最为经典的尤其是中国文化中最为经典的部分,一定要让孩子有所涉猎。

中央电视台"面对面"节目有一期曾请到已80高龄的生物化学家邹承鲁先生,当主持人询问他1951年舍弃舒适的国外生活,回国报效的动力来自何处时,邹先生说这种爱国情怀是从上小学开始的,是在阅读中国历史、学习中国传统文化时得来的。随后,老人讲了一个痛心的例子。说有一位外国科学家为了唐朝张继的"姑苏城外寒山寺,夜半钟声到客船",而拜访苏州,并希望能在寒山寺住上一晚,来体验一下这名句的意境。邹先生动情地把这个故事讲给自己的中国学生听,可他却失望地发现,听者中有许多人竟不知道这首诗和这首诗的来历。邹老先生慨叹,一个没读过和不了解自己民族文化传统中优秀东西的人,又如何能爱国呢?

毫不夸张地说,应该给孩子读什么书,已经是一个非常严峻的社会问题了。父母在这一点上,一定要慎重对待。

给孩子建立一个家庭图书馆

家庭环境对孩子的读书起着至关重要的作用。在所有的家庭开支中,父母应该考虑拿出一部分资金来购买一些对所有家庭成员都有益的参考资料,尤其是对于孩子有益的。

具体来说,如果孩子还小,父母可以购买一些带有插图的儿童词典。但必须保证词典内容具有高度的正确性。因为孩子在以后的学习生活中会时时用到它,初始的错误往往给孩子今后的学习造成极大的困惑。

告诉孩子如何使用词典,培养孩子不懂就查阅词典的良好习惯。你也可以教会孩子如何将词典作为扩充自己词汇的一种工具。如果他经常翻阅词典,并从中认识一个字或学到一两个词语,词汇量将会不断增加,而且也能更好地欣赏别人的东西。鼓励孩子一天内在三四个句子中练习用同一词语,这样他便能更好地懂得其含义与用法。

地图册可以把整个世界呈现在孩子的面前。地图册比某一张地图所包含的世界更大更广。文化地图也许是孩子们最感兴趣的一个领域。

在孩子开始学习作文之时,教给他如何运用同义词词典。以扩大他的词汇,使他的语言表达丰富多样。

如有可能,你可以买上一套大百科全书。但切莫买来之后让它放在一边,满是灰尘。经常拿出来从中寻找问题的答案。

在你家里应配上一套古典文学名著,让孩子欣赏古代杰出的文化遗产。

你可以带孩子去观赏一次盛大的音乐会,也可以带孩子去观看一次画展,培养孩子对艺术的鉴赏力。你也可以购买一些音乐、舞蹈、绘画等方面的杰作,让孩子有空之时拿出来慢慢欣赏。

买一些儿童烹调、科技原理、手工制作、修理等方面的书籍,让孩子将

科学、艺术与数学知识结合运用到实际生活中去。

在家人的生日、重大节假日、孩子毕业或考入更高一级学校或其他的一些特殊节日里,你可以买一些书籍作为礼品,让书向家人传递人间的温情爱意。

在孩子出生以后,越早建一个家庭图书馆越好。父母越早让孩子们习惯地看到书的封面、装帧、书页,他们也就会越早形成一个概念:原来书是日常生活的一部分。

美国著名教育家崔利斯对如何营造一个家庭图书馆提供了几点建议(尤其适合孩子不满 4 岁的家庭):

(1)把书分成两类:贵的和便宜的。贵的书和比较易损坏的书放在书架比较高的地方,孩子轻易够不着(但能看见)。在书架较低的地方,放比较便宜的书,最好是耐磨损的。如果便宜得足够可以,你甚至可以让孩子去"玩"书,给他充分的机会去看、去摸、去尝一尝。(这就是公共图书馆的书做不到的。另外,中国的公共图书馆远远不如美国的发达,借低幼孩子的书相当困难。)

(2)父母要给孩子做个好榜样,小心地、富有感情地对待书,可以试试这么对书说话:"啊,这是我们的老朋友《小托德》,好久不见了。"如果孩子像对待玩具熊那样富有感情地对待书,父母应该鼓励。孩子甚至可能会把书和他心爱的玩具放在一起。

(3)如果空间许可,可以让家庭图书馆里摆放的一些书封面朝外。这会让孩子老想着:这本书里到底有什么东西呢? 所有学习兴趣的基石都一样,就是好奇心。

腹有诗书气自华